U0540333

陪你走过青春期

钟杰 —— 著

长江出版传媒　长江文艺出版社

图书在版编目（CIP）数据

陪你走过青春期 / 钟杰著. -- 武汉：长江文艺出版社，2024. 8. --（大教育书系）. -- ISBN 978-7-5702-3685-5

Ⅰ. G444

中国国家版本馆 CIP 数据核字第 20244ZX939 号

陪你走过青春期
PEI NI ZOUGUO QINGCHUNQI

责任编辑：施柳柳　　　　　　责任校对：毛季慧
封面设计：天行健　　　　　　责任印制：邱　莉　丁　涛

出版： 长江出版传媒　长江文艺出版社
地址：武汉市雄楚大街 268 号　　　邮编：430070
发行：长江文艺出版社
http://www.cjlap.com
印刷：湖北恒泰印务有限公司

开本：720 毫米×970 毫米　1/16　　印张：15.375
版次：2024 年 8 月第 1 版　　　　2024 年 8 月第 1 次印刷

定价：49.80 元

版权所有，盗版必究（举报电话：027—87679308　87679310）
（图书出现印装问题，本社负责调换）

目录 CONTENTS

自序：青春有格，人生无悔 / 001

第一卷：男孩，我大声对你说

01 男孩要学会善待身边的女孩 / 003

02 男孩也要保护好自己 / 010

03 读懂女孩对男孩很重要 / 017

04 从男孩到男子汉，需要习得哪些品质？ / 023

05 男儿有泪也要弹 / 030

06 做个刚柔相济的男孩 / 035

07 男孩必须学会哄妈妈开心的本事 / 039

08 青春期男孩要学会理解人到中年的父亲 / 049

09 良性竞争会让男孩变得更优秀 / 056

10 送给男孩们的爱情准备清单 / 062

11 喜欢做家务的男孩更有魅力 / 068

12 一个不懂得拒绝的男孩会活得很糟心 / 073

13 抽烟的男孩并不酷 / 078

14 男孩一定要找到自己的好兄弟 / 083

15 男孩要先成为自己的英雄 / 089

16 读书，是优秀男孩的标配 / 095

目录 CONTENTS

第二卷：女孩，我轻轻对你讲

01　青春期女孩要重视自己的生理期 / 101

02　保护自己是青春期女孩的头等大事 / 105

03　青春期女孩如何正确应对男生的捉弄？ / 112

04　青春期女孩如何化解容貌焦虑？ / 117

05　青春期女孩如何保护自己的皮肤？ / 124

06　青春期女孩如何才能交到好朋友？ / 129

07　女孩如何才能把自己变得更精致？ / 135

08　女孩要为自己的善良设置底线 / 141

09　做个有智慧的女孩 / 147

10　女孩要学会体面地拒绝男孩的表白 / 152

11　青春期女孩千万不要失去自我 / 158

12　别怕，女孩也能学好理科 / 164

13　做个情感独立的女孩 / 169

14　女孩也可以刚柔相济 / 175

15　女孩要做妈妈的贴心小棉袄 / 179

16　不给爸妈忘记你的机会 / 184

目录 CONTENTS

第三卷：孩子，你必须活出自己灿烂的青春

- 01　做个目标感强的人 / 193
- 02　要做自己情绪的主人 / 199
- 03　修炼好性格获得好人生 / 206
- 04　如何才能远离校园欺凌？ / 210
- 05　正视批评比批评本身更重要 / 216
- 06　叛逆也要遵守为人的底线 / 220
- 07　父母控制欲太强怎么办？ / 225
- 08　说话很重要，体面地倾听更重要 / 232

自序：青春有格，人生无悔

我是一位与青春期学生打了 30 多年交道的资深班主任，每天都在用心观察并帮助我的学生。我观察学生的言行、情绪、思维方式，以及与他人相处的模式等。在这些观察中，我看到了青春期学生的自信飞扬，也看到了他们的彷徨无助；看到了他们对未来的憧憬，也看到了他们对未来的茫然；看到了他们的自尊自爱，也看到了他们的自暴自弃。我帮助学生形成良好的学习、行为、生活习惯，还帮助他们优化自己的性格、制订人生的目标、指导他们如何与身边的人建立健康的人际关系等。从这些帮助中，我发现学生固然可以自我教育和自我成长，但如果能得到成年人的正确指引，他们将少走很多弯路，他们的未来也将会更加稳妥和美好。

青春期学生身心发育不平衡、价值观不稳定、情绪波动大、自我评价系统也不成熟，还要承受来自学业、人际等多方面的压力，很容易做出错误的选择。许多孩子在动荡不安的青春期意气用事，错失了很多向上生长的机会，导致一步错、步步错。我不希望我的学生成年以后，还要为自己无知时做出的错误选择买单。我希望每一个青春期的学生都能做到：青春有格，人生无悔。这也是我写《陪你走过青春期》这本书的初衷所在。

那么，这是一本什么样的书呢？

首先，从读者层面来讲，这是一本适合青春期学生，以及青春期学生父母、老师阅读的书。

其次，从内容层面来说，这本书分三卷，分别是：第一卷《男孩，我大声对你说》，是关于青春期男孩的内容；第二卷《女孩，我轻轻对你讲》，是关于青春期女孩的内容；第三卷《孩子，你必须活出自己灿烂的青春》，是关于男孩女孩的内容。

第一卷，共16篇文章，阅读对象主要是青春期的男孩——当然，女孩也可以阅读，了解男孩、消除性别刻板印象，优势互补，是双赢。在这一卷里，我真诚地告诉所有青春期男孩，除了要认真对待自己的学业之外，还要提升自己的成长力，比如培养自己的良好性格、学会与异性和谐相处、学会做家务、学会良性竞争、学会合理拒绝、学会保护自己的身体与精神世界、学会与母亲愉快相处、学会理解自己的父亲、学会理性面对自己的感情等。总之，青春期男孩要努力让自己成长为一个大气、自信、有格局、有担当的男子汉。那么你的未来，不仅走得远，还走得稳。

第二卷，共16篇文章，阅读对象主要是青春期女孩——当然，男孩也可以阅读，了解女孩、消除性别刻板印象，优势互补，还是双赢。在这一卷里，我轻轻对女孩说了些什么呢？

第一，女孩要学会保护自己。这是人生的头等大事。女孩们不仅要从生理方面保护自己，还要从精神层面保护自己。

第二，女孩要学会爱自己。懂得爱自己的女孩，才能成长为高自尊的女性。这样的女性独立、自信、自强，特别有魅力。

第三，女孩要让自己变强大。我在文章中所表达的强大，并非要求女孩刻意去追求强势、强悍，而是不论在何种情况下，都能坚守自己的内心，活出独一无二的生命姿态。

总之一句话，我希望每个青春期女孩都努力生长，人格、情感、思想、经济都能独立，格调、气韵都高能，自己的人生自己说了算。

第三卷，共8篇文章，阅读对象不分男女，青春期孩子均可阅读。在这一卷里，我希望每个青春期孩子在这段动荡不安的日子里，都能成长为有目标、有底线、能自控、能管理好情绪、远离校园欺凌的高能孩子，为自己的未来人生铺下熠熠生辉的底色。

此外，每篇文章结束之后，我还给爸爸妈妈写了一段话，目的是希望爸爸妈妈在了解、陪伴自己孩子度过动荡不安的青春期时，能从道理上、情感上、精神上、实操手法上助力孩子成长。

我是一位资深班主任，常年与青春期孩子在一起，对青春期孩子非常了解。因此，我撰写的这些文章，对青春期的孩子来讲，并不枯燥乏味，很符合青春期孩子的阅读口味，特别生动有趣，入情入理。不论你是成年人，还是未成年人，捧起这本书，都能轻松地读进去，并且收获多多。

是为序！

2024年5月于深圳

01 男孩要学会善待身边的女孩

> **无敌男孩@钟老师：** 我觉得有些女孩吧，太讨嫌了，话多，还矫情，明明就没有针对她们，还总说男孩故意欺负她们，总找老师告状。然后老师就来教训男孩：要大度，对女孩要友善。凭什么呀？她们对男孩也不见得有多友善，就知道找我们的麻烦。

凭良心说，作为一名与青春期孩子打了30多年交道的资深班主任，我特别能理解男孩们的心情与处境。现在的女孩确实胆大率直、热情开朗，很多时候说话做事不考虑男孩的感受，也不给男孩面子。其实，不管男孩也好，女孩也罢，虽然嘴上说话难听，做事也欠缺考虑，但内心都想与对方建立健康和谐的同学关系；只是，大家的心智都不够成熟，不懂得怎么去建立罢了。既然"无敌男孩"问到这个问题了，那我就来给男孩充当幕后军师，告诉青春期的男孩们，如何才能与身边的女孩建立健康和谐的人际关系。

说实话，我每次带初一时，都会有不少女孩来找我告状，说男孩嘴欠，不仅乱开玩笑，还说脏话，甚至还用非常肮脏的话语辱骂她们。

那么男孩究竟对女孩说了些什么呢？我在我所执教的班级里做了一个详细的调查。下面是我整理的调查结果：

小气，小题大做，没事找事，任性。

爱发脾气，什么事都认为自己对，别人不对。

是非不分，不知好歹，故意招惹他人，小心眼儿。

搬弄是非，捕风捉影，盲目追星。

人来疯，胡搅蛮缠，嗲声嗲气，装可爱。

化浓妆，穿着打扮不合身份。

自以为是，故作姿态，虚荣心强，心机重。

妒忌心强，爱攀比，当众扫男孩面子。

强势，喜欢用威胁的口气跟男孩说话。

矫情，很虚伪。

女孩在男孩眼里就这么不堪吗？当然不是。在我现在所带的豪侠八班，我感觉每一个女孩都是仙界来的小仙女，可爱得很。但在男孩眼里，她们就是魔界出生、自带煞气的小魔女。我知道，男孩们之所以把女孩说得一文不值，并非女孩人品太差，而是想气我；他们认为我总是惯着女孩、重女轻男，他们不服气。当然，这也与青春期孩子心智不成熟、看人看事很片面有关系。

现实生活中，为何有那么多的男孩对女孩有偏见呢？那是因为他们没有走近女孩、不了解女孩，只是根据自己的感觉来判断女孩的行为，但并不知道这些行为背后所隐含的意思。所以，我在此向所有男孩打开一扇窗，希望男孩可以近距离地、全面地了解女孩。

那么女孩究竟是怎样的呢？请男孩子们跟着我，走近她们、了解她们、懂得她们，进而善待她们。

首先，女孩们特别不容易。为什么要这么说呢？

网上有个谜语很有意思，我摘录下来给大家猜猜：有一种生物，每一个月都要流一次血，但又不会死。请问，这是什么生物？

男孩们能猜到吗？反正我的男学生听完立马就异口同声地答道："肯定是女孩啊，她们有生理期，会来月经。"

男孩们只知道女孩会来月经，但并不知道来月经会给女孩带来多大的麻烦、有哪些副作用。其实女孩挺不容易的。她们来月经前后副作用大得很。多大呢？腰酸背痛腿抽筋，心烦意乱想发火；小腹坠痛，头昏、眼花；小腿坠胀、乏力、沉重。她们心情烦躁，想骂人，又不知道骂谁；想打人，又不敢。有些女孩还会痛经，痛得简直就想在地上打滚，只是她们比较克制，没有打滚而已。这么严重的副作用，身体的难受程度可想而知。但是，她们该上的体育课一节没少，每天大课间的跑步一步没少，作业一样没少。可是，你们呢？来月经吗？有副作用吗？女孩发点小火，你们就要烧成大火？我告诉你们真相，有些疑惑就可以解开了。比如你们的妈妈，本来挺温柔，但有时候你明明没有做错什么，她就莫名其妙地发火了，弄得你委屈死了。遇到这种情况你怎么办呢？千万别顶嘴，识相点，如果妈妈在做饭，赶紧帮忙摆碗筷；如果卫生间还有你的臭袜子没洗，赶紧不声不响地去洗干净。还比如，有的女老师性格也算温和，但你们可能会发现每月有那么几天，她有点莫名其妙、情绪不稳、神情沮丧。如果我是你们，遇到这种情况，我就会对自己说：我不跟老师计较，我体谅老师不容易。你看，矛盾是不是轻易化解了？

其次，女孩很容易受伤。女人是感性动物和听觉动物，因此她们很容易被情绪支配，也很容易从别人的话里感受到敌意。很多男孩都认为女孩小气、敏感、容易生气、容易受伤。确实如此。而且女孩生气的时候，跟她们讲道理等于白讲，还会莫名其妙受她们的窝囊气。每当这种时候，男孩应该想到女孩的不容易，体会到她们身体的不适，看到她们可爱、善良的一面——毕竟，女孩比较心细，她们所计较的一般也都是小事，无伤大雅。男孩要"额头上能跑马，肚子里能撑船"，气量大一些。

因此，男人，就要有个男人的样子，多一些与女孩相处的智慧，才不会把女孩气得"面目可憎"。

在给你们分享这些智慧之前,我插叙一个亲眼见到的课间故事,相信大家听完这个故事,对我抛出来的"招数"就能心领神会了。

有天课间,一个身材微胖但气质娴静优雅的女孩站在教室门口悠闲地看风景。一个男孩朝着女孩食指一钩,说:"肥婆,你过来。"结果那个"肥婆"旋风一样冲进教室,抡起拳头就朝男孩打去。男孩被打得双手抱头,大声求饶。

我故意装聋作哑,扭头与别的同学讲话(我偷偷观察了,女孩所谓的"打",也只是扬得高落得轻,做做样子而已,不会伤害到男孩)。那个男孩事后很不满,说我重女轻男,亲眼见他挨打都不主持公道。我笑着说,你当时朝我喊,某某打我。可是,在我的印象里,某某是个非常温和的女孩,她从不打人啊。打你的那个女孩,是被你不尊重的语言激怒了。如果你当初好言好语地说,可爱的某某,请你过来一下。或者说,女神,请帮我一下。我敢拍胸脯给你保证,她不仅不会打你,还会兴高采烈地跑来。换成我,你要是敢对我说,肥婆,你来上课啦?我告诉你,我课都不上,就教训你,否则我意难平,根本上不了课。但如果你对我说,智慧女神,你来上课啦?我敢保证那一节课我一定会上得热情满满,教学质量杠杠的。

这个故事其实就是告诉所有男孩,所谓"善待女孩",不是无原则地迁就女孩、在女孩面前谄媚讨好,而是说话做事要有分寸和温度、不要激怒女孩,要帮助女孩释放她们的温柔,把她们最美好的生命特质展现出来。

那么男孩需要怎么做,才能够与女孩和谐相处?

1. 不要随便奚落、讽刺、内涵女孩。比如"哟,你好了不起哦,你全世界第一,我们都很笨,就你聪明。"这些带有阴阳怪气、讽刺的话,千万别说。

2. 不要随意辱骂女孩,以及女孩的妈妈。骂人带了脏字儿,并且祸及其家人,不论你多有理,都不占理。

3. 任何时候都不可以殴打女孩。解决问题的方法有很多种,但没有一种方法支持殴打她们。

4. 男孩力气大,多干一点重活、累活、脏活。男孩多干活并非老师有意偏爱女孩，而是让男孩学会担当，培养男子汉气概。

5. 对女孩取得的成绩要真心佩服。有些男孩一听到女孩作文写得好，马上就说是"百度"的；一听说人家考试考得好，马上就说是作弊的；一听说运动会上女孩取得了优异成绩，马上就说是运气好。不论男孩，还是女孩，只要是通过努力取得的成绩，都应该得到认可，都应该被欣赏。

6. 坐车给女孩让座，出门帮女孩提包（女孩用来装手机和纸巾的小包除外）。细心、周到、温暖的男孩，自带美好的生命属性。男孩能做到这些，不是为了讨女孩的欢心，而是因为自己本身就很好。

7. 女孩发脾气（受委屈）时笑吟吟地听着；不要对女孩进行价值判断，也不要滔滔不绝地讲大道理，而是安静倾听。男孩要学会为女孩提供情绪价值。这里的情绪价值就是让对方感觉到自己被看见、被关心、被关注、被重视、被需要。

8. 冒犯了女孩要及时道歉。真诚地对女孩说一声对不起、冒犯了。这样的男孩子不仅不会被女孩小看，还会被女孩高看一眼。

9. 不搞性别歧视。男女孩在身体结构、思维方式等方面，的确存在差异，但人格和权益上必须平等。

10. 进出门时，如有女孩在后，一定要为她们把门。请女孩喝矿泉水时，一定要记得把瓶盖拧松。

……

我希望男孩做到这些，并非要把男孩培养成女孩的"忠犬"。而是希望男孩在保持自己独立人格的同时，生命里可以多一些理解、体谅、温暖、周到、细致的品质；希望男孩在保持自己刚强果敢的同时，生命里还可以有一些温柔、体贴、善解人意的品性。

如果你觉得我的观点有些狭隘，不妨把眼光看向外面的世界。我曾经在读英国文学作品时，读到这样一个故事：

在英国的交际场合，如果有哪位女性不小心放了一个屁，正在尴尬万分的时候，一定会有男人主动上去"认屁"。有时甚至还会出现几个男人同认一个屁的现象。

我讲这个故事并非要求我的男学生去认屁，毕竟文化背景不同，行为表现也应该有所不同。

我只是想告诉大家，英国男人连屁都敢认，我们的男学生善待身边的女学生有何不可呢？

最后，我做个强调，我在此文中反复提醒男孩在女孩面前大度一些、宽容一点，并不意味着要男孩无原则地向女孩的不良行为妥协退让；而是希望男孩不要主动去惹恼女孩、要多体谅女孩的不容易、善待身边的女孩，更要考虑到性别差异，不能仅从自己的需求出发去要求女孩，而是要掌握与女孩的相处之道，激发女孩人性之中的"美"。

写给爸爸妈妈的话：

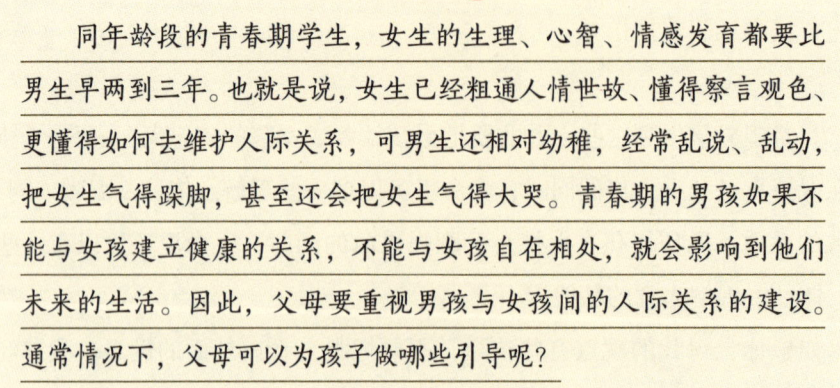

同年龄段的青春期学生，女生的生理、心智、情感发育都要比男生早两到三年。也就是说，女生已经粗通人情世故、懂得察言观色、更懂得如何去维护人际关系，可男生还相对幼稚，经常乱说、乱动，把女生气得跺脚，甚至还会把女生气得大哭。青春期的男孩如果不能与女孩建立健康的关系，不能与女孩自在相处，就会影响到他们未来的生活。因此，父母要重视男孩与女孩间的人际关系的建设。通常情况下，父母可以为孩子做哪些引导呢？

首先，要告诉孩子，不管在什么情况下，都要尊重女孩，不可辱骂女孩，更不可以殴打女孩。

其次，要告诉孩子，主动为班级的女孩服务，要保护自己班级的女孩不受欺负，要多干一些力气活。

最后，要鼓励孩子大胆地与女孩健康交往，从女孩那里学到细心、周到、体贴的好品质，做一个有温度的男孩。

02 男孩也要保护好自己

> **摇摇哥@钟老师：** 最近我好烦，我身边的一些男生都在谈论女生，甚至还会谈论更过分的话题。我觉得他们的心理有问题，希望你能开个课，帮助一下这些男生，以免他们走火入魔。

有个八年级的男孩委屈地对我说，他班上有好几个男生喜欢在课间乱开玩笑，动作和言语都特别猥琐，让他觉得在生理和心理上都产生了不适感。他对那些男生的行为表达了强烈的不满，但那些男生非但没有收手，还更加过分了。他们趁他不注意时，伸手拍他的屁股，然后一边跑一边大声笑话他。他觉得他受到了身体欺凌，人格尊严也被践踏了。男孩的诉求就是，要严惩那些打着开玩笑的幌子，实则对他人实施霸凌的行为。

男孩的诉求必须得到满足，我必须为男孩主持公道。于是我当即找来相关男生"审问"，问他们为什么要乱说，乱动。他们竟然很轻松地答道，都是男生，说几句脏话，摸一下身体怎么啦？再说了，我们又没恶意，只是开玩笑而已。他自己小气，开不起玩笑，还怪我们。

这些男生说得可真轻巧！都是男生，就可以说脏话了吗？可以随便摸人家身体了吗？人家能接受吗？就算是人家能接受，说脏话、摸他人身体，也是缺乏语言和身体边界的行为，不可取，遭人厌。

最后，我严厉批评了那些乱说乱摸的男生，要求他们给受欺负的男孩真诚道歉。我也安抚了男孩的情绪，并且告诉他，遇事能及时向老师求助，没有让事态恶化，我很欣慰。

事后反思，为什么男孩到了青春期，总喜欢提到与性有关的话题呢？是他们坏吗？不是！是因为他们进入了青春期，却没有获得相应的、科学正规的性教育，加上他们的正确价值观还没形成和稳定，好奇之下，乱说乱摸也就不难理解了。男孩需要得到老师和家人的帮助，正儿八经地了解自己身体的秘密，并学会保护自己。

第一，要了解自己的身体。

我不支持男孩们从不正规的渠道去了解自己的身体，也不希望男孩们形成错误的性观念。我真诚地建议男孩们从正规的渠道、科学地了解自己的身体，掌握正确的性知识，从而保护自己的身体不受到任何伤害。

那么男孩们可以从哪些渠道了解自己身体的知识呢？

1. 从父亲那里获得相关的性知识。

2. 有些父亲忙于工作，或者羞于开口，从不与儿子讨论身体秘密的话题，那就从学校举办的"青春期知识"讲座中获取。生物教材上也有相关知识，可以认真阅读。

3. 系统阅读与青春期相关的书籍，比如《身体的秘密：青春期男生使用手册》《成长的秘密：青春期男生生理知识手册》《只给男生看的青春秘密书》等。在三本书中任选一本进行阅读，就可以全面科学地了解性知识了。我儿子14岁时读的是《身体的秘密：青春期男生使用手册》，他读完之后，非常诚恳地给我建议：最好让你班上每一个男生都读一读。然后自言自语说了一句："其实每个进入青春期的男生都应该读一读。"只要男生提前读了这三本书中的任何一本，班主任给他们介绍性知识时，他们就能非常淡定，不仅不会起哄，还会跟着老师一起说，甚至老师说得不妥，他们还会纠正。

第二，要正确认识性心理。

所谓性心理，是指在性生理的基础上，与性征、性欲、性行为有关的心理状态与心理过程，也包括了与他人交往和婚恋等心理状态。简单说，就是脑子里想到的所有与性有关的心理活动。性心理有健康与不健康之分。

健康的性心理有以下4个标准，大家一定要牢记：

1. 有正确的性别认同。通俗地说，就是你是男性身体，你在心里也认定自己是男性，并且很接受自己是男性这一事实；在日常的生活中，穿着打扮、言行举止符合男性特点，那么你的性心理就是正常的。

2. 个人有良好的性适应。包括自我性适应与异性适应，即对自己的性征、性欲能够悦纳，与异性能很好地相处。也就是说，你很适应自己男性这个身份，对于男性身上的性特征能接受；和女生在一起，你会觉得举止很自然，内心很自洽。

3. 对待两性一视同仁，不应人为地制造分裂、歧视或偏见。这个很好理解，也就是不论男性，还是女性，都是正常的存在，在人格上都是平等的。

4. 能够具备做父亲的能力与心态。也就是说，能接受自己今后要做父亲这个事实，并且不断地努力，不断地使自己变得强大。

第三，要了解青春期男孩性心理习惯有哪些。

1. 喜欢谈论性话题。男生聚在一起就想说性话题，也就是网络上说的"自嗨"。这属于正常的性心理现象，不要给自己扣一顶可耻或不道德的帽子。但人是生活在群体之中的社会性动物，需要遵守公德和法纪，因此在公开场合必须压抑本能，管理好"自我"，做一个有修养、有礼貌的"君子"。

2. 触摸体现亲密。男生通常认为彼此既然关系亲密，就可以顺手摸一摸。但人之所以为人，是因为人懂得遵守边界。因此，没有得到对方允许，万不可随便触摸人家的身体，尤其是裤衩、背心覆盖的地方。

3. 目光自然投向异性。男人是视觉动物，所以喜欢不自觉地看美女。只是看看，无伤大雅；但一定要注意分寸，不能无礼，更不能出言调戏。

4.喜欢打探女性的过去。男生聚在一起，就喜欢去挖女生的"黑料"，然后拿来调侃。这种好奇心也属正常，但要注意，从人际关系角度来讲，这种做法不利于交友，甚至还获得差评。

虽然这几个习惯很奇怪，但这就是男性的性心理。男孩子不用因为自己有这些性心理而认为自己猥琐，要接受自己、悦纳自己。只要遵守公序良俗、尊重异性、不做有违法律和道德的事，即使存在这样的性心理，你也是安全的。

第四，青春期男孩要构建正确的性道德。

虽然步入青春期的男孩身体成熟了，但他们是生活在群体社会的人，一言一行都会对他人造成影响，因此要对自己的不良性心理和性行为进行约束；要讲道德，形成正确的性价值观，要懂得约束自己。

第五，青春期男孩要做好自己的保护神。

男孩们从小就信誓旦旦地说要保护妈妈，长大后又说要保家卫国、保护世界。我相信男孩说这些话的时候，都是认真的、坚定的。但一个男孩如果连自己都保护不好，何谈保护他人？

有不少妈妈和老师都存在认知误区，认为女孩子才需要保护，男孩子成长的风险小，就让他们自生自长。事实上，现在男孩子的成长过程中也充满了各种风险。因此，成年人要有保护男孩的自觉，而男孩也要有保护自己的意识。尤其是性保护这一块，很容易被忽略。

所谓性保护，主要是指自我保护，即保护好自己的性器官，有效防范性侵害、规范性行为、预防性病等。青春期男孩务必要自觉做到下面10条：

1.不看淫秽文字和图片，以免造成视觉刺激。

2.远离不良视频以及黄色网站，以免沉迷其中伤害自己。

3.不说与性有关的污言秽语，以免造成听觉刺激。

4.不在脑子里胡思乱想与性有关的画面。过度的胡思乱想不但会影响自己的学习，还会对身体造成影响，比如患上神经衰弱、失眠症等。

5.尽量不要手淫。偶尔的手淫跟道德品质无关，但经常手淫百害而无一利，严重时还会导致性功能障碍。

6. 克服性冲动最好的办法就是代替。运动、劳动、做笔记、抄写等积极健康的事情可以转移注意力，就可以轻而易举地克服性冲动了。

7. 最好穿宽松棉质内裤，忌穿化纤三角裤。化纤制品不利于健康，甚至还会影响到未来的生殖健康。

8. 尽量不穿紧绷的牛仔裤，要穿运动型的长裤。

9. 不要随便跟他人有性接触。只要有了遗精现象，生殖功能趋于成熟，就具备了当父亲的能力。男女发生性行为，会令女方怀孕。但青春期男孩在人格、思想、心理、经济等方面还没独立，没有能力承担一个父亲的责任。如果女方不同意，强行与之发生性关系，就是强奸行为。这就构成了犯罪，会因此坐牢，进而赔掉自己一生。

10. 警惕变态男。有些成年男性，性取向存在问题，并且思想很肮脏，他们会把魔爪伸向未成年男孩。因此，青春期男孩在与父亲、兄弟以外的成年男性交往时，要规避独处，规避交往过密，不要随便接受成年同性的馈赠。

第六，提升青春期男孩自我修养的行动力。

我给青春期男孩准备了一份《优秀男生修炼指南》，希望男孩们照章练习，更希望男孩们成年后能成长为有担当的青年。这份《优秀男生修炼指南》如下——

1. 不抽烟，不沉迷于手机，热爱运动，乐于社交。
2. 善待身边的女生，不对女生说脏话，不惹女生生气。
3. 讲礼貌，看见老师和长辈要打招呼，对同学也要友善。
4. 决不欺负他人，但也不允许他人欺负自己，要学会依法维权。
5. 不随便生气，情绪稳定，喜欢运动，脸上布满笑容。
6. 知错就改，敢于道歉，不撒谎，不狡辩，不推诿。
7. 执行力强，受人之托忠人之事。
8. 热爱读书，热爱一切积极向上的事情。

9. 不进网吧，不参与赌博。

10. 不恶意告状，不在背后使坏。

11. 尊重女生，欣赏女生，与女生健康交往，学会优势互补。

12. 懂得把光芒让一部分给其他同学，不以自我为中心。

13. 为人真诚，处事厚道，能顾及他人感受。

14. 在庄重场合保持安静，在活动场所敢于展示自己。

15. 言行举止要有学生味，符合中学生的身份，不搞另类打扮。

16. 爱清洁，讲卫生，常洗头，勤换衣。

17. 与家人建立健康的关系，理解父母的难处，为自己的家庭赋能。

18. 认真对待自己的学业，把终身学习当作自己的成长习惯。

19. 遵守一切该遵守的规则，保护环境，热爱生命。

20. 参加志愿者活动，培养亲社会行为。

最后，我将海子的诗《面朝大海，春暖花开》稍作修改，送给所有步入青春期的男孩们，请大家开口大声朗诵：

> 从现在开始，做一个真正的男子汉
> 修身、养心、锻炼身体
> 为自己打造一间精神的房间，面对自己，春暖花开
> 从现在开始，告诉每一个亲人
> 告诉他们我正在努力地成长
> 我将成长为一个积极健康的男子

写给爸爸妈妈的话：

男孩步入青春期，开始在意自身的形象和别人的评价，也喜欢关注异性，渴望探寻自身以及异性的身体；私底下还会谈论性话题，进而产生一些不良的念头和行为。部分家长会对于男生的生理发育所产生的一系列问题一筹莫展。

我建议性教育这件事由孩子爸爸来主导，毕竟同性别的父亲与孩子谈论性话题时，可以规避尴尬。具体怎么谈，孩子才能接受呢？

一、建立信任关系。一定要让您的儿子知道他可以信任您，并且您可以为他提供支持和指导。这需要时间和努力。但一旦建立了信任，与儿子的沟通就会变得更加容易和有效。

二、尊重和理解。父亲在与儿子谈论性教育时，一定要尊重儿子的感受和想法。不要将其视为一个负面话题或禁忌话题。相反，要以开放的心态对待它，并鼓励他与您分享他的观点和感受。同时，也要理解这是一个复杂的问题，需要耐心和时间来解答和解决。

三、提供信息和知识。在谈论性教育时，父亲要向儿子提供准确的信息和知识。这包括生理结构、性行为、避孕方法等方面，确保您的解释是清晰、简洁和易于理解的。此外，还可以提供一些可靠的资源，如书籍、网站和医生等，以便他在需要更多信息时可以自行查找。

四、强调安全和健康的重要性。在谈论性教育时，父亲一定要向儿子强调安全和健康的重要性。告诉您的儿子要遵循道德和法律准则，避免任何可能对自己或他人造成伤害的行为。同时，也要告诉他有关性传播疾病的知识以及如何预防这些疾病。

03 读懂女孩对男孩很重要

> **豪侠男孩 @ 钟老师：** 班主任和我爸妈，都对我说，要善待身边的女生，要与女生搞好关系。我觉得他们说得很有道理，所以我对女生百般忍让，甚至到了百般讨好的地步了。可我还是觉得女生是一种奇怪的生物，一不小心就得罪她们了，甚至还会遭到她们的围攻。我说的围攻并非指她们群殴我，而是七嘴八舌地内涵我、给我贴负面标签。说实在话，我有些怕这些女生了。

我先把我初中时的经历讲给大家听，看看大家是否有所触动。

我读初中时，留着超短的短发，上身穿宽大的深蓝布衣服，下身着肥腿的粗布裤子，脚穿一双露趾的布鞋；头发蔫黄，面色清白，身形瘦小。要颜值没颜值，要身材没身材。但我是个女孩，并且性情温和，学习也很优秀，我希望别人，尤其是男生可以透过我的外表看到我的美好，可以欣赏我、善待我。但那些男生只看到我灰头土脸的外形，看不到我美好的精神内核，于是给我取了好几个难听的绰号，比如铜盆、冬瓜、磨盘等。每次见到我，就会嘲笑着喊我的绰号。我觉得特别受辱，拼死追打他们，结果又被他们取了一个"男人婆"的绰号。

至今，我都不愿意参加我初中的同学会，这并非对那些欺负我的男生恨意难消。以我现在的认知，我完全能够理解当初那群男孩有那样的行为，是因为心智不成熟、不懂女孩子，我早就原谅了他们的所作所为。但我就是不想看到他们，我心里那根刺拔不掉。

我做了老师后，特别能够理解受欺负学生的处境。为了让我的男学生们不再犯类似的错误，也为了让女学生不受到伤害，我总是逮住各种机会给男生面授机宜，告诉他们女生的生命特性，让他们知己知彼，学会看见女生，理解女生的行为，并且对她们的行为做出准确的回应。那么青春期女生究竟有哪些特性呢？

1. 女生是听觉动物。每个人都喜欢被赞美，女生也一样。有一次，我自己也遭遇了"不测"，即便我是一个伶牙俐齿的女人，也被对方吓得一句话都说不出来。

那天早上我去超市买排骨，卖排骨的是个女性。我见排骨都在冰柜里，就顺口问了一句，这个排骨是昨天的还是今天的？

那个女性售货员一下就怒了，大声吼道，如果这个排骨是昨天的，那么我把所有的排骨都赔给你！

我有些尴尬，小声说道，就算要辩解，也不用这么大声嘛。

那个女性售货员更加愤怒了，说，我就是这么大声！我一贯就是这么大声！你爱买不买！

我吓得转头就逃了。排骨没买着，还被别人一顿吼，我心里委屈极了。

事后我冷静一想，问题还是出在我这里，因为我没有考虑到她是一个女性，属于听觉动物。我问她排骨是昨天的还是今天的，在我这里只是想把真相搞清楚；但在她那里，她就认为我是在怀疑她以次充好，是在质疑她的人品，所以她非常生气。

2. 女生是敏感动物。多数女生天生敏感、细腻，很在意他人的评价，容易被伤害。因此，跟女生说话的时候，要考虑女生的感受，不要张口就是粗话，出口就是恶言，完全不考虑人家是女生。损话、脏话、堵心的话、丧气的话、揭人伤疤的话、戳心窝子的话，都不要对女生说——这也是男生有素质的表现。

3. 女生是言说动物。由于女生语言中枢天生就很发达，因此女生喜欢言说、喜欢倾诉、喜欢八卦，这都属于天性。女孩长大了，就会理性地控制自己的天性，所以希望男孩面对喜欢言说的女生时，默念几句："这是她的天性，没有恶意，她只是没有控制好自己。"进而给予更多的理解和包容。我相信，随着年龄的增长以及受教育程度的增加，她们会不断提升个人的修为，努力使自己的言说优雅而得体。

男孩们全面了解女生的特征后，也只能达到初步了解女生的目的，至于怎么跟女生相处，很多男孩其实还是手足无措的。打铁趁热，赶紧向老师我索求方法。如何与不同类型的女孩和谐相处呀？

1. 随和宽容型——性情随和，性格宽容，人畜无害，这是最好相处的女孩。与这类女生相处，自在随心，但是说话要温和，做事要有分寸，不可以说极端的、难听的话。虽然这类女生未必会恨你，但不等于她们内心没有评价你的尺度，她们的善良往往带着锋芒。

2. 冷漠刻板型——性情冷漠，行事刻板，过于理性、慢热，与这类女生相处比较无趣。如果你是一个生命活力特别强的人，你跟她相处，或许会带动她。但如果你也是一个特别闷的男孩，带动起来就特别不容易，最好再找几个生命活力强的同学与她组成一个朋友圈。

3. 天真可爱型——性格活泼，心思单纯，天真率直，热情大方，可与之大胆相处。只要男孩做到不爆粗、不动粗，她们就很乐意与男孩建立革命友情、同乘友谊的小船。

4. 自我中心型——自我，有主见，甚至还有很强的掌控欲望，也可以说是大女主性格，只喜欢自己闪光，喜欢别人围绕着自己转。如果你是一个极具包容性，并且又懂得欣赏的男生，可以跟这类女生相处，她的光芒会照亮你。

但如果你也很尖锐、很要强，并且很玻璃心，那么你与这类女生相处就会感到特别累。

  5. 情绪多变型——性格变化莫测，心思难以揣测，情绪管理能力也很差，有时还会像个炸药包。她喜欢你去猜她，猜对了，便高兴；猜不对，便不爽。如果女生闹的是小情绪，你能安慰就安慰几句，能退让就退让几步。如果是歇斯底里，你最好靠一边，千万不要拿打火机去点燃她的情绪，否则必然引火烧身。也不要试图去给她讲道理，情绪型的女生只喜欢表达情绪，喜欢被情绪打动，而不是被道理打动。因此，接住她的情绪，并为她提供情绪价值是上上之策。

  6. 玩乐享受型——贪玩、享乐，高兴就好，没有什么大目标大理想。挺好相处，但不一定能给你带来正能量。如果你是特别上进、有主见、有影响力的男孩，可以与之相处并带动这些女生进步。但如果你也是玩家，我相信，不需要任何技巧，你们就能玩到一起，并且共同退步。

  7. 强势霸道型——强势又讲理，霸道又正义，或者是蛮横霸道不讲理。这样的女孩都很有生命的张力，攻击性都很强，让很多人羡慕，但又学不来。如果是正义的强势霸道，支持她、肯定她、赞美她。如果是无理取闹式的强势霸道，我真心建议你离她远一点。

  8. 好斗善辩型——性格非常要强，凡错事都是别人做错的，凡争执都必须赢。如果你不是一个善斗善辩的男生，千万不要与之缠斗，而是要学会做一个真诚的听众。

  9. 消极悲观型——风格消极，负能量特别重。如果你的内心不够强大，无法消化负能量，最好与这类女生保持一定的距离，因为消极的情绪会传染给你。

  10. 自信干练型——自信、阳光、利索、雷厉风行，有很强的掌控感和获得感。建议男孩多与这样的女生相处，肯定她、欣赏她、向她学习。你会从她那里获得成长的养料，让你变得更优秀。

11. 挑三拣四型——吐槽、抱怨、牢骚满腹；对谁都有意见，看谁都不顺眼，永远觉得别人做得不好，对自己也不好。与这样的女生相处，不要试图跟她争辩，也不要试图去改变她，能说就说几句，不能说就闭嘴离开。

12. 多愁善感型——其实，愁绪也是一种美好的情愫，只要得当，就是美好。跟这类"黛玉型"女生相处，你要理解她，承认她的感受，多用你的阳光去照耀她。

13. 八卦造谣型——我作为一个女性都不喜欢这类女生。建议男生远离这类女生，让她们的八卦没有市场。

14. 老实被动型——和这类女生相处，你不费力，但有些伤心，因为她很难带动你。如果你是一个强大的男孩，不妨跟这类女生相处，带动一下她，助力她把死沉的生命变成奔跑的姿势。但如果你自己也很被动，与被动的人在一起，可能会更加被动。

我提供的这些方法其实也只是个人经验，不可死板复制。男孩们在具体的交往场景里，要因人而异、灵活运用。同时，也请男生牢记，与女生相处，必须要设置自己的原则和底线——不伤害对方，也不被对方所伤，更不能因此伤害自己和对方的家人。

人际交往是一门深奥的学问。我个人认为，它对我们的重要性绝不比语数英等学科成绩低。法国存在主义哲学家萨特在他的名剧《禁闭》中写道："他人即地狱。"这句话形象地描述了人与人之间不可避免的矛盾冲突。我们在人际交往中会自发地对他人产生偏见，有时会引发带有不同目的的攻击行为，甚至导致双方的冲突。美国著名的人际关系专家戴尔·卡耐基曾说："一个人的成功只有15%是依靠专业技术，而85%要靠人际交往、有效说话等软本领。"这就告诉我们，人际关系在我们的生活和工作中所占的比重非常之大，应该从青春期就学会与身边的人建立健康的关系，尤其要学会与异性同学和谐相处。

写给爸爸妈妈的话：

首先，父母要理解青春期孩子的心理变化，尊重他们的独立意识。在沟通时，耐心倾听他们的想法和感受，避免简单粗暴的批评和指责；通过平等对话，帮助孩子认识到每个人都是独特的个体，应尊重他人的差异和选择。

其次，父母应该通过日常教育，向孩子传达正确的价值观和道德观。让他们明白友谊和爱情的区别，学会在人际交往中保持适当的距离和界限。同时，引导孩子树立正确的性别意识，尊重性别差异，避免性别歧视和偏见。

再次，父母应鼓励孩子参加各种社交活动，如学校组织的运动会、文艺演出等，帮助他们扩大社交圈子、增强人际交往能力。通过集体活动，孩子们也能学会合作与分享，培养团队精神。

最后，父母在尊重孩子独立性的同时，也要设定合理的界限。教导孩子在人际交往中保持适当的距离和自我保护意识，避免受到不良信息或行为的影响。同时，父母也要监管孩子的网络活动，确保他们在健康的网络环境中成长。

04 从男孩到男子汉，需要习得哪些品质？

渴望成为男子汉的某某@钟老师： 我爸爸特别看不起我，说我没有一丁点男子汉的气概，看到我就生气。我也觉得自己很懦弱，很没用。但我终归还是想成为一个真正的男子汉，不要被我爸爸小看，也不要被同学欺负。我苦思良久，始终找不到晋升男子汉的途径，只能向你求助了。

多年前，我教过一个男学生，也是独一个被我在毕业评语中评价为最有男子汉气概的男学生。为何他会得到我的高度评价呢？因为他的精神品质和行为举止最符合我对男子汉的定义：大气、温暖、刚强、果敢、独立、上进！

那个男生的父母心思灵敏、口齿伶俐、手脚利索、为人忠厚、做事靠谱，尤其是那个男生的父亲，有一手好厨艺，他制作的绝味油辣子，在我们那个小镇，他说第二，就没人敢说第一。

夫妻俩做着卖凉面的生意。尽管他们做的凉面味道特别好，但由于小镇人流量小，生意很清淡。于是，男生的父母每天中午和下午放学前，就会把他们的凉面摊摆在我们学校大门口叫卖。

每天放学，学生们涌出校门的时候，那个男生的父母就卖力地吆喝学买他们家的凉面。于是很多学生就讥笑那个男生，说你父母是卖凉面的，还跑到学校门口丢人现眼。那个男生姓邱，从此大家就叫他邱凉面。大家不仅在校外叫他邱凉面，在教室里也叫他邱凉面，甚至发放作业本时，还叫他邱凉面，最后发展到直接叫他凉面，连姓都给他省了。

我非常生气，批评了那些嘲笑者，让他们闭嘴，说如果我再听到他们这样叫，一定严惩不贷。

没想到邱姓男生非常大度，特意找到我为那些嘲笑他的同学开脱。他对我说，老师，我本来就姓邱，我家也卖凉面，他们叫我邱凉面也没错，我不觉得这很丢人。我爸妈一不偷二不抢，靠劳动吃饭，我觉得很光荣。再说了，镇上其他卖凉面的摊子，没有一家的味道可以超过我们家，绝味油辣子是我们家的祖传手艺，他们叫我邱凉面就是在给我们家打广告，我还感谢他们呢！

自那以后，邱姓男生每天放学干脆直接跑到他父母的凉面摊上，帮他父母拌凉面，并且还大声地吆喝同学们去他们摊子上吃凉面。

邱姓男生不仅坦然接受他父母在学校门口卖凉面的事实，还主动去他父母的凉面摊帮着父母卖凉面。他在学习上也非常用功，每次考试都能考到年级前10名。他的父母通过卖凉面，供他读了高中、上了大学。现在，这个邱姓男生在四川一所市重点高中当老师，也像我一样热衷做班主任。我相信，他带出来的男学生，一定具有男子汉气概。我对他的毕业评语是：你帮父母卖凉面的行为让同学佩服。你坦然面对父母职业的心态让老师折服。你是一名不折不扣的男子汉。

我为何在毕业评语里评价邱姓男生是一名不折不扣的男子汉呢？教室里的男生们自然是议论纷纷，有说他温暖的，也有说他宽宏大量的，还有说他精神很独立的，也有说他很爷们儿的。大家的分析当然都很有道理，但毕竟单一零散，于是我为他们做了归纳总结。

第一，他是一个很大气的男生。

别人给他取绰号，还嘲笑他，他不仅没有怨恨，还乐呵呵地应着，并且找我为同学求情。那么，男生们如何才能修炼出像他这样的大气品质呢？

大气的男生对他人很宽容，即使对方冒犯了他，他也不会睚眦必报。他会换位思考，设身处地地为对方着想。他更不会在钱财上锱铢必较。

大气的男生生性超脱。他不会对某件事耿耿于怀，也不会沉迷于某件事上不能自拔。与朋友发生了误会，他会想办法解释清楚，然后立即翻篇，决不会把这件事搁在心里伺机报复。

大气的男生决不会沉迷网络游戏不能自拔，即使偶有迷恋，一旦认识到沉迷网络游戏弊大于利，他很快就会抽身而退。也就是说，不管玩什么，大气的男生进得去也出得来，不会患得患失、左右为难，最后深陷其中无力自拔，以至于迷失自我。

大气的男生可以坐在路边鼓掌，也可以走上舞台绽放。大气的男生可以在路边的大排档大快朵颐，也可以在五星级酒店细嚼慢咽。

大气的男生对人对己都很豁达。他悦纳自己，接受真实的自己，做了错事，敢于承认错误，但不会轻易对自己进行否定。

大气的男生都比较乐观，心态比较阳光，因为他的眼睛更容易看到美好，心里更容易装进宽宥。

大气的男生能听得进批评，也经得住表扬。

大气的男生不会为几个小钱搞得你死我活。大气的男生爱钱，但取之有道。爱花钱，但花在刀刃上，懂得必要的节省。跟朋友出去玩耍，该买单买单，决不会乘人不备偷溜。也不会随意向他人借钱，如果手头有困难向他人借了钱，也会及时归还，并且心怀感恩。

大气的男生着装很得体。他的穿着跟自己的年龄段相匹配。他可以穿20块钱一双的弹力鞋飞奔在跑道上，也可以穿500块钱一双的名牌鞋穿梭在球场上。不管是什么鞋，穿着合脚，他就很开心、很自在。只有小气、自卑的男生，才会在着装上标新立异。

大气的男生言谈举止很得体。大气的男生不会欺负比他弱小的男生，也决不允许其他男生欺负他,更不会对着女孩子说脏话、挥拳头。总之,大气的男生有一股绅士范儿。

第二,他是一个有温度的男子汉。

他的为人与做事,处处透着温暖。同样的,如何才能把自己修炼成一个温暖的男子汉呢?这里我先给男生们提供一个评判标准:

内心善良,行事不急躁,经常散发出一种温暖的气息。

干净阳光,打扮舒适得体,不会显得过于浮躁和浮夸。

顾家、爱家,会做饭,愿意和家人在一起,能营造温暖又舒适的家庭氛围。

通常细致体贴,能很好地理解和体恤别人的情感。

参考上述评价标准,男生们还可以修炼"由男生进阶为男子汉"的成长秘籍。如下:

1. 嘴巴一定要干净。那些搬弄是非的话,损人不利己的话,爆粗的话,戳心窝子的话,揭人短处的话,羞辱人的话,离间人际关系的话,一概不说。要说就说肯定的话,赞美的话,正面的话。当然,我们可以表达自己的意见,不过,要善意提出,注意措辞、态度。可以这样说:你这件事做得还不错,如果把某个方面完善一下,效果就更好了。

2. 行动要贴心。与他人一起外出,要做个贴心的人。比如出门旅游,先做好攻略;去饭店吃饭的时候,尽量点他人喜欢的菜;与女性朋友在一起,主动帮忙提东西。甩手掌柜当着是舒服,但要想得到他人的认可是万万不能的。

3. 读懂对方的心思。要认真聆听他人说话,从说话的内容中读懂说话者的心思;更要借助肢体语言和面部表情,揣摩他们的心思,满足他人的内心需要。比如教师节那天,我内心就很渴望同学们给我一些小小的惊喜,让我觉得自己受到了尊重。有些男生就读懂了我的心思,给我发信息、写小纸条,甚至还自己动手做了小礼物。我非常感动。但也有一些男生熟视无睹、毫无知觉,压根就看不出老师有什么需要。说实在的,抛开教师的身份,毋庸置疑,我喜欢那些能读懂我心思的男生。

4. 不轻易发脾气。 发脾气可不是什么好事情。不论是谁，都不愿意跟一个喜欢发脾气的男生交往。大家的压力都很大，没有义务承受你的臭脾气。因此，要学会管理自己的情绪，别人触碰了你的底线，你可以理智地表达自己的愤怒。但如果随便发脾气，你就得高度重视了，因为要不了多久，你就会变成孤家寡人。

5. 一定要学会做家务。 请永远记住一句话：喜欢做家务的男人最有魅力。

6. 舍得吃亏。 俗话说："吃得亏，打得堆。"温暖的男人决不会斤斤计较，他知道有些亏必须要吃，那就甘之如饴；有些亏不能吃，那就绕道而行。总之，懂得正确取舍，而不是唯利是图、虚伪狡诈。

7. 善当修理工。 家里灯泡坏了、水管断了，要主动维修。小小男子汉，变身熟练的修理工，简直帅呆了。你让家里每个人都感到温暖，并且很有安全感。因为他们知道，无论这个家遭遇了什么，都有人会把它收拾好。

8. 照顾别人的感受。 这个很重要，无论是说话，还是做事，都要换位思考：假如这件事的主角是我，我该怎么想、怎么做呢？"己所不欲，勿施于人"，不能只是嘴巴上说说，而是要落实到行动中。

第三，他有一颗刚强的心。

父母把凉面摊摆在学校门口，他没有半句怨言，而是帮父母卖凉面。被同学取绰号了，不仅没生气，还觉得是同学在为他家打广告。

第四，他性格独立，小小年纪就能为父母分忧。

真正的男子汉要远离妈宝属性。男孩们必须在人格可塑期学会独立、学会自己做主，也要学会为自己的选择负责。具体怎么做呢？

1. 改变认知。 要从认知层面树立"独立、自主、有担当"的男性价值观。虽然妈宝男可以在母亲的翅膀下躲避风雨，但母亲不可能庇护孩子一辈子。生活中的所有困局，最终都得自己去解开。与其让母亲捧在手心长大，不如自己面对风雨，经风雨，长见识。

2. **自己动手**。能够自己搞定的事情决不假手母亲。生活层面，自己搞定；学习方面，自己管理；外出游玩，自己安排；交朋结友，自己选择。不过，这一切都要在遵守规则的基础上实施。

3. **自己做主**。自己的事情自己做主。比如报考哪所学校，学文还是学理，买什么款式的衣服，压岁钱怎么开支……都可以试着自己去判断与选择。有时难免会因为经验欠缺做出错误的选择，但那有什么关系呢？人不就是在不断的试错过程中成长起来的吗？

4. **学会独处**。一个不会独处的人是耐不住寂寞的，也不可能拥有深度思考的能力。周末、假期，都可以让父母出去游玩，把自己留家里独处一段时间。先梳理一下自己近段时间的成败得失和喜怒哀乐，然后总结经验教训为未来做出行动规划。能够在独处中与自己对话，给自己私人订制发展目标的人，绝不可能成为妈宝男。

5. **与母亲保持距离**。那些令同性嘲笑、女性厌恶的妈宝男，有一个很显著的特征，那就是跟妈妈黏糊得很紧。幼儿时期依赖妈妈很正常，但进入青春期后，就要与母亲保持空间上的距离，当然还有心理上的距离。也就是说，不要与妈妈有过度亲密的身体接触，也不要事无巨细都告诉妈妈；而是要有自己的私密空间，有些秘密不必告诉妈妈，自个儿藏好即可。

6. **多与性格独立的同学交往**。一个人，平时与哪一类人交往，就很容易受到哪一类人影响。跟性格独立的同学交往，就会接受到独立的信息，慢慢地，这种信息就会内化为自己的特质。一旦性格独立，就不容易被妈妈操控，也就不会成为妈宝男。

写给爸爸妈妈的话：

青春期是男孩成长的关键阶段，是他们从稚嫩少年走向成熟男人的过渡时期。作为父母，我们不仅要关心他们的身体健康，更要注重培养他们的品格和气质，帮助他们成长为真正的男子汉。

首先是培养男孩的独立精神。青春期男孩需要学会独立思考和解决问题。父母应该逐渐放手，让他们独立面对生活中的挑战。当他们遇到困难时，父母可以给予指导和鼓励，但不要代替他们解决问题。

其次是培养男孩的礼仪习惯。真正的男子汉不仅要有强健的体魄，更要有得体的举止和礼仪。父母应该教导孩子尊重他人、礼貌待人，遵守社会规范和公序良俗。

再次是培养男孩的冒险精神。青春期是探索未知的黄金时期，父母应该鼓励孩子勇敢尝试新事物，即使失败了也不气馁。这样的经历会让他们更加成熟和坚强。

最后是培养男孩的责任感。男人应该承担起家庭和社会的责任。父母应该让孩子明白，作为家中的一员，他们有责任为家庭做出贡献。同时，也要让他们知道作为社会的一员，他们有义务为社会做出贡献。

诚实、正直、勇敢、坚强是男子汉应该具备的品格。父母还应该通过日常生活中的点滴小事，培养孩子的这些品质，让他们成为品德高尚的人。

总之，培养青春期的男孩成为真正的男子汉需要时间和耐心。父母应该给予孩子充分的关爱和支持，帮助他们度过这个关键时期，助力他们成为社会的栋梁之材。

05 男儿有泪也要弹

> **爱哭鬼 @ 钟老师**：可笑吧，我的绰号竟然是"爱哭鬼"，后来我索性将它变成我的网名。我确实是一个爱哭的男孩。我也不想哭，想要充英雄，但我遇到伤心事时就是忍不住想哭。我觉得我哭过之后，心情就好很多了。为什么女生哭，就能让人怜爱，男生哭就是没出息呢？真的不能哭吗？

我读书时，我的班主任对女生很宽容，对男生很严格。女生犯错被批评，一哭鼻子老师的心马上就软了，然后就原谅了。男生遇事哭个鼻子，老师马上就一脸严肃，厉声呵斥道：哭哭哭，你就知道哭，你还是个男人吗？给我把眼泪擦干、把嘴巴闭上！男儿有泪不轻弹，知道不？！

我当时特别纳闷：书上说，男儿有泪不轻弹，只是未到伤心处，老师干吗把后半句省略了呢？这男生都伤心欲绝了，还不准他哭，让他硬生生把痛苦憋回去，这是要把他憋成内伤才罢休啊。

后来我看文学作品、看电视剧，大多数男主的设定，都是那种咬着钢钉、满口流血、痛苦得满脸扭曲，也不会掉一滴眼泪的形象。这的确可以诠释男性刚强、坚毅、隐忍的品质，但我觉得特别假，只要是人，不论男女，都有脆弱、无助、绝望的时候，真实、正常地表达自己的情感，才是符合人性的。

我带学生去军训时，也会看到军训营地高高挂着"流血流汗不流泪，掉皮掉肉不掉队"的标语。

这句话教导男生要刚强，不要轻易流泪，不能说它错了，但也不能说是男生必须要遵守的信条。凭什么男生有泪不能弹？凭什么流血了都不流泪？我们可以要求男生学会坚强，但不能剥夺他们流泪的资格。我就会对我的男学生说，如果你们在军训营地遇到特别难受的事情，想要哭的话，就大声哭出来吧。

在我的价值体系里，遇到痛苦难受的事情，如果哭可以缓减内心的痛苦，男女都可以哭。

我曾经教过一个男学生，他的妈妈因病去世了。他特别痛苦，但又要在老师和同学面前假装坚强。我见他每天哭丧着一张脸，却又在竭力忍着自己的眼泪；同学们开怀大笑的时候，他也想跟着笑一笑，但是笑比哭还难看。

我就问他，你究竟想在老师和同学面前立一个什么样的人设呢？铁血硬汉？钢铁战士？男孩委屈地告诉我，他不想被老师视为软弱，被同学看成无用，他只能把痛苦藏起来。

我温和地说道，你不用藏，你可以把痛苦释放出来，你可以去操场大声吼叫，也可以当着我的面大声哭泣，老师不会觉得你软弱，同学也不会觉得你没用。相反，你妈妈去世了，你都没流一滴眼泪，别人还以为你无情呢。

男孩听我这么一说，再也遏制不住自己的眼泪，在我跟前一把鼻涕一把泪，哭了个稀里哗啦。男孩大声哭了10多分钟，擦眼泪的纸巾都用了小半卷。哭完，他还小声抽泣了10多分钟。

整个过程我没有说话，只是陪着他，给他递纸巾。男孩彻底平静后，感激地对我说，老师，谢谢你，我再忍下去，估计就要发疯了。

其实，哭可以为我们的生理和心理带来好处。

哭泣能释放毒素。人们在哭泣时，有毒物质也会从身体中释放出来。另外，眼泪中含有的溶菌酶，能在 5~10 分钟内杀灭 90%~95% 的细菌。

从情感上说，哭泣能帮助男生提升情绪。美国南佛罗里达大学研究发现：落泪让近 90% 哭泣者的情绪得到了明显改善，哭泣能比抗抑郁药起到更好的自我安慰和提升情绪的作用。在处理压力方面，哭泣是一种安全有效的应对方式，它能让被抑制的负面情绪和挫折感得以彻底释放。因此，你觉得无法应付现状的时候，不要忍住泪水，大哭一场也许就可以让你自然痊愈。

既然眼泪有这么多好处，咱们为何不支持男生哭呢？男生们如果是真伤心了，就要大声地告诉自己：有泪就大胆地弹吧。哭吧哭吧，这不是罪，这是正常的心理需求，而且有益于身心。

不过，凡事有利必有弊。哭有没有坏处呢？我们不妨找医生咨询一下。

医生说：通常情况下，小哭怡情，大哭伤身。特别是那种爱哭的人，遇到点小事就哭，很遭人厌弃，同时也会令身边的人心情不好。网上咨询医生"爱哭的坏处"，医生会告诉我们：容易使心情变得抑郁，还会长眼袋。看来滥用"哭招"不仅伤心，还会毁坏颜值。哭虽然有好处，但不能过度，男孩们可要把握好这个尺度。

医生从专业角度来阐述哭的好处以及坏处，可信度当然很高。男孩们今后若遇到特别痛苦的事情，压抑不住，就不必压抑，想哭，那就理直气壮地哭吧。

我是一名资深班主任，从经验的角度来讲，我也不支持男孩们"有泪不弹"。我观察了那些懂得释放自己的情绪、有痛苦愿意用哭声来表达的青春期男孩，他们心态更阳光，做事更积极。因此，我非常支持青春期男孩"伤心有泪赶紧弹"！哭出来，把内心的苦痛释放出来，然后放下心中的大石头，轻装上阵，成为更优秀的人。

男生当然可以哭，但要视情况而定。事情搞砸了，心里受伤了，心中的痛苦一时难以排解，就想号啕大哭一场，那就大声地哭出来，哭不丢脸。但如果把哭作为手段，进而达到不光彩的目的，则是懦弱丢脸，甚至不择手段。

写给爸爸妈妈的话：

青春期是每个人成长过程中的一个特殊阶段，对于男孩来说，他们往往被社会期望得坚强、无畏。然而，在面对内心的困扰和受伤的情感时，哭泣不应被视为软弱的表现，反而是一种健康的情绪释放方式。父母在孩子的青春期扮演着至关重要的角色，应该学会引导男孩通过哭泣来修复受伤的心理。具体怎么做呢？

一、接纳与理解。父母需要理解哭泣是一种自然的情感反应。当男孩受到伤害时，他们可能会选择封闭自己，而不是表达出来。这时，父母应该创造一个安全、无压的环境，让孩子感到被接纳和理解。告诉他们，哭泣并不意味着软弱，而是释放内心压力的一种方式。

二、倾听与陪伴。当孩子愿意打开心扉，通过哭泣来表达自己的情感时，父母需要耐心倾听。不打断、不评判，只是单纯地陪伴在孩子身边，给予他们情感上的支持。这样的倾听和陪伴会让孩子感到被重视，也会增加他们与父母之间的信任。

三、引导自我反思。孩子哭泣过后，父母可以引导孩子进行简单的自我反思，询问他们为什么感到伤心或不安，帮助他们识别并理解自己的情感。这样的反思有助于孩子更深入地了解自己，学会处理复杂的情绪。

四、教授积极应对策略。除了倾听和理解，父母还应该教授孩子积极的应对策略。鼓励他们参加体育活动、艺术创作或尝试音乐疗法等，这些都是有效的情绪释放途径。通过这些活动，孩子可以学会以更健康、更积极的方式来表达和处理自己的情绪。

五、强调情绪管理的重要性。父母要让孩子明白,哭泣只是情绪管理的一部分,更重要的是要学会如何平衡和调节自己的情绪;鼓励他们在面对困难时保持积极态度,勇于面对并解决问题。

06 做个**刚柔相济**的男孩

> **ABCDE@钟老师**：我同桌竟然骂我是"娘炮"，我气得不得了。虽然这话伤害性不大，但侮辱性很强啊。我的性子的确比较软，所以我很喜欢与女生一起玩，但并不等于我就是娘炮啊。老师，我想改头换面，成为一个既受女生欢迎，又被男生接纳的人，求支招。

我问过班上男生：什么样的男人才算是男人？或者说，什么样的男人看着才像男人？

男生听后议论纷纷，答案五花八门。但我只想告诉所有男生：真正的男人应该具有阳刚之气。我所理解的阳刚之气，就是一种由内而外透露出来的坚强不屈的气质，具体如自信、坚强、勇敢、果断、大方、关爱等优秀品质。这些优秀品质又是在激烈的社会竞争中生存必不可少的精神因素。比如三国里的关羽、张飞，甚至被视为反派的吕布，都属于阳刚之气特别充足的男人。可他们都没有另外一个男人受欢迎，那就是赵子龙。

赵子龙为何会如此受欢迎呢？

赵子龙"身长八尺，姿颜雄伟"，是能以一当千的长坂坡战神。他跟随刘备，两扶幼主，克定祸乱。但如果我们只看这些，那么三国里像赵子龙这样的人物一抓一大把。赵子龙极好的口碑，源于他的见识、品德与性格。

袁绍和公孙瓒两强争霸河北，他却慧眼识英才，独独看中了当时兵微将寡、寄人篱下的刘备，与之深交悦纳、同床共眠，并为刘备招募兵士数百，从河北追随他，自汝南而入荆州。

在当阳大败中，刘备为虎豹骑精兵所逐溃不成军，两个女儿被曹军捉去生死不知，重要谋士徐庶的母亲也被捉走，徐庶因而投曹。唯独赵子龙在乱军中保护甘夫人和阿斗母子二人幸免于难，实在难得，不负刘备"子龙必不弃我走"的相知之恩。

平定荆南四郡时，桂阳太守赵范欲以其国色天姿的寡嫂许婚赵子龙，被赵子龙一口谢绝。缘由便是他洞悉了赵范只是迫于形势假降，并非真心归顺，他因此断然拒绝其拉拢。赵范不久后果然逃走，彰显了赵子龙的先见之明。

性格上，赵子龙不像张飞那般粗暴无礼，也不像关羽那般不解风情。他不仅有高颜值，还有高情商，所以赵子龙不仅受男性欢迎，也受女性青睐，一生成就无人能及，最后寿终正寝，美名传扬。

赵子龙的故事告诉我们，真正受欢迎的男生，既有阳刚气质，又兼具温柔气质。

那么，男生如何才能养成阳刚之气呢？

第一，在心态上要接受一个事实：我是男子汉。男生每天要抬头挺胸地走在校园里，要沉着冷静地面对所有人和事。

第二，要多运动。运动可以改变大脑，也可以强壮身体，更重要的是，可以使自己的身体长高。我自己是矮个子，活得也很自信快乐，因此我并不认为矮有什么不好，但我仍想尽办法让我的儿子长高。为什么？因为高大强壮、具有挺拔风姿的男生，比起那种矮小瘦弱、弯腰驼背的男生，确实更受欢迎。这是我作为母亲的私心，当然也是作为老师的私心。不论是我的儿子，还是我的男学生，我都希望他们能长成高大帅气的男子汉。

第三，多看一些英雄电影。看这些电影的目的是多接触一些富有阳刚之气的男性形象，对自己起到潜移默化的作用，慢慢地增进自己的自信心。

那如何才能养成温柔气质呢？

第一，努力保持健康、挺拔的身材。这需要加强锻炼，合理进食。说得更通俗点，自身体重不能远超标准体重，所以得管理好自己的体重。一个膀大腰圆的男生，说他有温柔气质，别人断然不会答应。

第二，要有干净的面容。早晚要清洗面孔。进入青春期的男生，面部开始油腻，因此最好用控油的洗面奶洗脸。还有，少吃辛辣食品，尽量不让自己满脸痘花开。如果真长痘了，要及时去正规的皮肤科清理脸上的脓包。

第三，管理好自己的情绪，不要轻易发脾气。爱发脾气的人，给人的感觉就是凶暴，不可接近，既不阳刚也不温柔。

第四，学会体谅他人，培养一颗细腻之心。这一点，不是技术层面的，而是认知层面的。

第五，不做无谓之争。涉及国家大义、人格尊严，据理力争的确必要。但一些无谓的小事，就不必争个你死我活，争赢了又能怎么样呢？

最后，我还要告诉所有的男生：不要太"直男"。

"直"不等于阳刚，我们要认识到这一点。

虽然"直男病患者"也有很多优点，比如耿直、勇敢、可爱、诚实、套路少、心眼实。但在人际交往中，人们还是更喜欢有温度、能知情达意的男生。

从老师的角度来讲，我可以熬一碗"鸡汤"给所有的男生喝：不论你是什么样的个性，都是独特的，都是有魅力的，你的存在都是有价值的。老师说的话很好听，可是这样做对男生是不负责任的。

男孩们，一定要改掉自己的直男脾气，努力把自己变成一个刚柔相济的好男儿，锤炼自己获得幸福的能力。

写给爸爸妈妈的话：

在孩子的成长过程中，父母的角色至关重要。尤其在塑造男孩性格方面，父母需要付出更多的努力。一个理想的男孩，应该是既有刚毅坚韧的一面，又拥有柔软善良的内心。那么，父母应该如何培养刚柔兼具的男孩呢？

一、以身作则，树立榜样。父母是孩子的第一任老师和榜样。因此，父母应该在日常生活中展现刚柔并济的品质。在面对困难和挑战时，父母要表现出坚韧不拔的精神，让孩子学会勇敢面对；同时，在对待家人和朋友时，父母要展现出温柔和关爱，让孩子学会善良和同情。

二、关注情感，培养同理心。男孩往往被期待要坚强、不哭不闹。然而，这并不意味着我们要忽视他们的情感需求。父母要关注男孩的情感世界，教会他们表达情感、理解他人。通过培养孩子的同理心，让他们学会关心他人、尊重他人，从而培养出柔软的一面。

三、鼓励尝试，培养抗挫能力。男孩在成长过程中，难免会遇到各种挫折和困难。父母要鼓励孩子勇敢面对，敢于尝试。在孩子失败时，父母要给予支持和鼓励，让他们明白失败并不可怕，重要的是从失败中学习和成长。通过这样的过程，让孩子的刚毅品质将得到培养。

四、引导兴趣，培养多元化发展。父母要关注孩子的兴趣爱好，鼓励他们尝试不同的活动和领域。这样不仅可以促进孩子的多元化发展，还能让他们学会在不同的场合展现不同的性格特质。例如通过参与体育活动培养孩子的刚毅品质，通过参加艺术活动培养孩子的柔软内心。

07 男孩必须学会哄妈妈开心的本事

一个想换妈的男生 @钟老师： 最近我特别苦恼，我觉得我妈的更年期提前了，一整天唠叨不停，还发脾气，烦死了。以前我跟她的关系还算可以吧，现在真的很差。我放学后都不想回家了，甚至都想换妈了。哪家有脾气好、懂孩子的妈啊？我好想换一个呀。

我召集班上男生开会，会刚开完，好多男生兀自感慨：我想换妈。我本想说，好多妈也想换儿子呢。但我忍住了即将出口的负面语言，而是改成了温和的劝慰：回到妈妈的原生家庭，追溯她的童年，了解她早年受过的教育，你就会理解她的教育行为，从而化解母子矛盾。这样母子关系才能和谐，你才有好日子过。

这段话对青春期的男生来说有些深奥，说完不加解释和分析，那就等于白说，男生不会从中受到任何教益。于是我转身在黑板上写下三个问题：

1. 你的母亲究竟爱不爱你？
2. 你的母亲为什么要控制你？
3. 你了解并且爱自己的母亲吗？

三个问题写出来后，我说，请各位拿出纸笔，扪心自问、反躬自省，从你最初的记忆追溯，真诚地回答我提出的问题。

下面我们来看看男生们的回答。全班共 26 名男生，对于第一题，他们众口一词，母亲"爱我"。至于第二个问题，绝大数男生回答的是：母亲对我不放心。也有男生回答：这个世界太复杂了，母亲怕我学坏。还有一个男生回答：我妈就是个控制狂。

第三个问题的答案是我意料之中，都说爱自己的母亲，但都不了解自己的母亲。

这样说起来，男生对母亲的评价大多很感性，他们并不了解自己的母亲，也不知道如何给母亲信心，更不懂得如何去爱自己的母亲。我既是老师，也是母亲，那么我就站在母亲的角度，谈谈我对上述三个问题的理解。

1. 你的母亲究竟爱不爱你？

首先，我以一个母亲的身份给大家保证，你的母亲是爱你的。你不知道你母亲怀你时有多辛苦，生你时有多痛苦，养你时有多劳苦。我是亲历者，我有怀胎之累、生产之苦的体验，我最有话语权：一个女人忍受这么多"苦"才养大的儿子，怎么可能不爱呢？简直爱到骨髓里去了。其次，我跟咱班所有男生的母亲都有过或多或少的交流，我能感受到这些母亲的爱子之情不仅浓，还有些泛滥。军训期间，明知道我天天陪伴在军训营地，可还是有不少男生的母亲在班级微信群里诉说着对儿子的各种担心，并且还有母亲打电话给我哭诉，说想儿子想得心里难受。母亲当然爱孩子，只不过每个母亲爱孩子的方式不一样罢了。有些母亲，性情温和，情绪稳定，受教育程度较高，眼界也比较开阔，确实更能理解自己的儿子。有些母亲，性情急躁，心思敏感，为人小气，加上自身的局限，对儿子说话语带讽刺、语意否定，令儿子感到不快。不管母亲以哪一种方式对待自己的儿子，她们爱儿子的本质都是一样的。没必要抱怨，因为我们虽然不能逆天改命，但可以遵循本心改运——

既然改变不了母亲的性格和认知，那咱们就改变自己。扪心自问：你做过这方面的努力吗？

2. 你的母亲为什么要控制你？

我曾对大家说过我对我的儿子放得很松。我从来没有督促他写作业。我是语文老师，并且还是一个勤奋的写作者，我竟然不曾辅导过他写作文。我从来没有翻过他的书包，没有随意进入过他的房间，没有评论过他的朋友圈，更没有阻止他交朋友。我也不查看他的手机，甚至还建议他给手机设置密码。我从来不在他耳边各种碎碎念，我每天都在忙着实现我自己的理想，我只想把自己变成更好的人。至于他的学业，那是他的事。他的人生，他做主、他买单。

大家听到这里是不是特别羡慕我儿子？是不是特别想换一个像我这样的妈？是不是特别想回家跟妈妈宣布：从现在开始，你要向钟老师学习，对我要宽松一些！

你可以回家宣布你的决定，但你最好在宣布决定前听我说完我儿子的表现。

我儿子读初中时，我特别忙，根本无暇顾及他。但是，他很乖，很自律。

他会进厨房炒菜做饭，你愿意吗？他会给我削水果，你会吗？他的作业从来不打折扣，我从未收到老师的投诉，你能做到吗？他的老师安排他周末背诵文言文，不论多艰涩、多冗长的文章，他都老老实实背诵。他高中时，语文成绩能考年级第一，你考得到吗？他玩手机游戏时给自己设置了时间限制，"进得去，出得来"，你能做到吗？他用我的台式电脑打游戏，只要我说一声我要工作了，不论他打得多起劲，都会果断地结束游戏把电脑让给我，你舍得吗？他偶尔做得不够好，我批评他时，他马上就能低头诚恳认错，你会吗？整个青春期，他从未顶撞过我这个老母亲，你确定你从未顶撞过你母亲吗？

现在你该明白了，我儿子的自由其实是用他的自律换来的。我们和谐的母子关系是建立在他能约束自己的基础上的。如果他是一个连自己都管不住的人,我怎么可能放手,又怎么敢放手?我恨不得把他拴到我的裤腰带上,我要对他进行全方位的监控,我的嘴巴要挂到他耳朵上令他烦不胜烦。

咱班某男生说妈妈砸碎了他的平板,那你想想,妈妈为何会砸碎你的平板呢?慢着,这个平板确定是你的吗?你有能力为自己买一个平板吗?你身上穿的每一根线,嘴里喝的每一口水,都是你父母挣的。你那年轻的身体,都是你父母挣回来的食物在供养。你有什么?你什么都没有。

如果你能遵守一个学生的本分,回家就写作业、玩游戏有节制,还能抽空帮妈妈做一些力所能及的家务,她会砸你的平板吗?

毕达哥拉斯说:"不能约束自己的人,不能称他为自由的人。"钟老师说:"一个没有自控力的人,只能被别人控制。"你不服也可以,那你管好你自己。你既不服管,又管不住自己,并且还要赌气自暴自弃,那我告诉你,你的未来只能在黑暗中穿行,届时你一定后悔莫及。这世上买不到后悔药,治不好你的后悔病。

3. 你了解并且爱自己的母亲吗?

很多男生都抱怨母亲不了解自己。我就特别想反问一句:你了解你的母亲吗?她的生日是哪天?她从事什么工作?她的特长、爱好有哪些?她的梦想是什么?她的烦心事有哪些?她喜欢读什么书、追什么剧?她跟你父亲的关系如何?她在你父系家族的地位怎样?她的好朋友是谁?这些问题你能准确地回答出几个?估计很多同学第一个问题就卡壳了。

母亲是你的孕育者,也是你的第一抚养人,是你生命的本体,你竟然不愿去了解她、呵护她,只一味地索要她给你的爱,是不是有点贪得无厌啊?

每当你开心地吹蜡烛、虔诚地许愿时,你可曾想过,你的生日恰是你母亲的受难日。可是你,在庆祝生日的时候,有没有说过一句感谢母亲的话?有没有把桌上最好吃的东西夹到母亲的碗里?有没有准备一份礼物送给自己的母亲?

我儿子评价我"母爱如山",并非我有容乃大、装得下他所有的不堪,而是他懂我且爱我。我因此才能成为一个特别包容特别有责任感的母亲。从某种程度上讲,是他成全了我。他自己过生日时,会对我表示感谢,会把最好吃的东西夹到我碗里。我过生日时,他会精心策划,亲自下厨烧几个好菜,还会送我渴望已久却又舍不得买的礼物。去年我生日,他送我一对无线耳机,理由是我经常听线上课程,有线耳机麻烦、无线耳机方便。今年我生日,他送我一个精致的小平板,理由是我经常出差,用平板看电视剧既不伤眼,也可打发旅途的寂寞时光。他现在还处于求学阶段,经济不独立,我知道他送我的礼物都是找他爸爸要的钱。虽然钱不是他的,但心意是他的。我很满意,也很感动。有他,便是人间值得。

反观很多男生,拒绝学习、逃避作业,令自己的母亲陷入尴尬与焦虑之中。别以为母亲要求儿子努力读书是为了给自己挣面子。我自己就是母亲,我理解每个母亲的心情。但凡做了母亲的女人,为了孩子的成长,已经不要什么面子了,只要自己的孩子有颗上进心,能把自己的事做好,长大后能自食其力,能过上相对满意的生活,有一个更广阔更有意义的人生,就知足了。母亲们最怕的是:现在给了儿子一个轻松快乐的青少年,今后没有人愿意给自己的儿子一个轻松快乐的中年。

还有些男生,一说做事情就很佛系,一说吃东西就很狼系。平日里沉迷游戏,好吃懒做,母亲稍加管束就大发脾气;认为母亲对自己不好,与母亲顶嘴,甚至还扬言"学坏"来气自己的母亲。我真的很想替这些母亲出一口恶气。你跟谁干仗不好,竟然跟自己母亲干仗。你赌气就认真赌气,干吗赌自己的前途呢?聪明的人从来都是一码事归一码事,从来不会从两件八竿子都打不着的事上找因果关系。从逻辑上分析,因为母亲骂了你,所以你很生气,这个因果关系确实成立。因为母亲骂了你,所以你要自暴自弃,这两者有关系吗?完全没有。

大家不是嚷嚷着想换妈妈吗?如果我有这样的儿子,我也想大声疾呼:

我要换儿子。我常常劝家长要成长,还常说"父母改变孩子改变"。今天,我就想大声说一句:孩子改变,父母才容易改变。

与其换妈,还不如把妈哄开心。妈妈开心了,你就开心了,一家人都开心了。关键是如何才能把你眼中的"母老虎"哄开心呢?

母亲想要的并不多,只希望她的儿子能够关心她、能够哄她开心,就足够了。进入青春期的男生,一定要学会与自己的母亲愉快地交往,从与母亲的交往过程中,学会与女性的交往之道。

一个能够与母亲愉快交往的男生,就能够与其他女生自在相处。一个能够哄母亲开心的男生,在女生群体中受欢迎的程度就很高。

那么怎样才能哄母亲开心呢?

首先,一定要学会说甜言蜜语。

比如你放学一回家就说,老妈我好爱你,你好漂亮哦。她嘴上可能说,你还能不能再假一点?但心里就像喝了蜜一样,甜得很。

什么时候说甜言蜜语合适呢?

◆ 妈妈的节日,比如母亲节时要说甜言蜜语。你可以给妈妈做一张卡片,上面写:亲爱的妈妈,节日快乐,祝你越活越年轻,越活越漂亮,爱你。

◆ 妈妈的生日时要说甜言蜜语。可以当面说,也可以发短信,还可以写信。什么话好听,就写什么;妈妈喜欢听什么,就写什么。总之就是赞美妈妈贤惠又能干,漂亮又年轻。祝她越来越美,挣钱越来越多,活得越来越滋润。这些话不需要成本,真心说出来,效果奇好。妈妈开心,一家人都开心,一家人其乐融融,何乐而不为呢?

◆ 自己的生日时要说甜言蜜语。很多男生可能会说,应该由妈妈来祝儿子生日快乐呀。想得没错,但不要这么做。换一种思路,你会获得意想不到的效果。正如我儿子所说,自己的生日,就是母亲的受难日。母亲生你那天,冒着风险、忍着阵痛,鬼门关上走一遭,才把你生下来。为什么不利用这个时间认真地感谢自己的母亲呢?没有母亲把你带到这个世界上来,你怎么能感受到生而为人的各种滋味呢？你怎么能看到这个精彩世界呢？所以，这个时候你必须要向母亲说甜言蜜语：亲爱的妈妈，感谢你把我带到这个世界来，给我温暖和爱，抚养我长大。

其实说什么不要紧，要紧的是表达出感谢与赞美。要让妈妈感到开心，要觉得她此生做得最对的一件事，就是把你给生下来、养大了。

◆ 传统节日时也要说一些甜言蜜语。比如妈妈在为一家人准备过节的食物时，凑上去搂着妈妈说一声：妈妈，你做的菜实在是太好吃了。

◆ 妈妈去逛街买了新衣服，回家试穿的时候，你说：妈妈，这衣服穿在你身上实在是太好看了，颜色很衬你的肤色，款式很合你的身材，质地很合你的品位，你真的很会买衣服。千万别说：你太胖，你这衣服穿上身，太难看了！

赞美妈妈的时机远不止这些。我举这些例子无非就是起一个抛砖引玉的作用，希望每个男生都在日常生活中去寻找说甜言蜜语的契机。没有契机，创造契机也要把甜言蜜语送到妈妈的耳朵里。做到这一点，母子关系想不和谐都难。

其次，一定要随时送礼物。

所有的男生都要记得，送礼物随时都有效，且百试不爽。那什么时候送礼物、送什么样的礼物才合适呢？

◆ 母亲节和生日的时候可以送礼物。小孩子不挣钱，那就动手亲自做。给妈妈拍一组美照，做成"美篇"，配上俏皮的文字，插上深情的背景音乐，然后转发给妈妈。妈妈看了之后一定会感动得热泪盈眶，然后抚着自己的胸口自语：老天竟然送给我这么好一个儿子。这辈子不管我吃多少苦、遭多少罪，有这样一个儿子，值了。

一块小方巾，一个手机壳，一个小相框，一个小发夹……物美价廉，礼轻情意重。妈妈拿着这些礼物，就算并不是她想要的，可能也并不适合她，她都会感动得一塌糊涂。

◆ 自己生日那天,也可以向妈妈送礼物。送什么礼物好呢?仔细观察,妈妈需要什么,就买什么。大件的,咱买不起,那就买小的、便宜的。如果没有买到礼物,还有一招可以让妈妈欣喜若狂,那就是亲自下厨为妈妈烧一道菜。一家人围坐吃饭的时候,把桌上最好吃的菜夹到妈妈碗里,请她先吃。我儿子从两岁生日开始,他爸爸就教他把桌上最好吃的那道菜夹给我吃,然后是爸爸吃,再然后是他吃。

除了上述两招可以哄妈妈开心之外,还有三个方面也要做到,妈妈才会真正开心。

第一,不要随便跟妈妈置气。有时候做错事了,妈妈很生气,可能会责骂你。这时你要赶紧向妈妈认错,马上检讨,立即反思。千万别跟妈妈对着吵。高情商的男生此时不会跟妈妈对着干,而是会退一步,让妈妈的情绪冷下来。待妈妈的情绪稳定下来,这个时候再调皮一下,哄哄妈妈,妈妈心中的怒气就烟消云散了。

第二,不给妈妈添堵。妈妈的气最容易堵在哪里?叫你别沉迷手机游戏,你却寻找一切机会玩游戏,并且一进到游戏里头就出不来。这个时候妈妈怎么开心得起来?叫你别去外面疯,结果你疯到深夜都不回家,甚至还交了一些不好的朋友。看到你这样子,妈妈怎么可能不堵心呢?听妈妈的话,不给妈妈惹事儿,不给妈妈添麻烦,妈妈就开心了。

第三,努力学习。这是妈妈最开心的事情。你要是每天都沉迷学习不能自拔,我估摸着你妈妈睡着了都要笑醒。其实妈妈并不会在儿子的学习结果上较劲,她要的是儿子对待学习的态度,能够把学习的过程做好。

写给爸爸妈妈的话：

网上有个段子，说"每对母子都是生死之交"，母子之间有过命的交情。妈妈也是男生来到这个世界上第一个亲密接触的异性。可是，进入青春期的男生，大多把与母亲的关系搞得鸡飞狗跳。小时候一步也离不开的妈，小时候拿全世界都不换的妈，真的变差了吗？妈还是那个妈，产生变化的是男生。因为他们长大了、眼界开阔了、朋友圈变大了，在他们的认知里，妈妈落后了、世俗了、眼里心里只有他们的成绩，并且还干涉他们交友，妄议他们的朋友。于是母子大战经常发生。这不仅恶化了亲子关系，而且不利于男生成长。此时，父亲出面引导儿子如何与母亲重建和谐健康的母子关系就显得非常重要了。那么父亲需要怎么做，才能促进母子关系回温呢？

一、树立榜样。父亲应该通过自己的言行来树立榜样，在与妻子的相处中，展现出尊重、理解和包容的态度。当父亲以平等和尊重的方式与母亲交流时，儿子会自然而然地学会如何对待女性，以及如何维持健康的两性关系。

二、强调家庭价值观。父亲应该向儿子强调家庭价值观的重要性，如尊重、信任、支持和爱。这些价值观不仅有助于儿子与母亲建立和谐关系，还能为他的未来生活奠定坚实的基础。

三、教授沟通技巧。父亲可以教授儿子一些有效的沟通技巧，如积极倾听、表达自己的观点和感受，以及寻求共识。这些技巧能帮助儿子在与母亲的沟通中更加顺畅，减少误解和冲突。

四、适时引导。当儿子与母亲之间出现矛盾或冲突时，父亲应该适时介入，引导双方进行理性沟通。父亲可以通过提问、分享自己的经验和观点，帮助儿子和母亲找到解决问题的办法。

父亲应该教育儿子珍惜与母亲相处的时光，并学会感恩；让儿子明白，母亲为他付出了很多，他应该尊重并关心母亲。这种感恩之心能增强儿子与母亲之间的情感联系。这不仅有利于儿子的健康成长，还能为整个家庭带来幸福与和谐。

08 青春期男孩要学会**理解**人到中年的父亲

> **孔雀东南飞@钟老师**：要命啊！我怎么觉得我老爸的脾气越来越差了啊？每天回来都看我不顺眼，我玩会儿手机骂我，我写作业慢了骂我，我考试没考好骂我，有时不关我事，也骂我。我究竟要怎么做，他心里才舒服呢？

先跟大家分享一则父与子的哲理故事——《儿子眼中的父亲》：

7岁："爸爸真了不起，什么都懂！"

14岁："爸爸好像有时候说得也不对……"

20岁："爸爸有些落伍了，他的想法和时代格格不入。"

25岁："老家伙一无所知，陈腐不堪。"

35岁："如果爸爸当年像我这样老练，他今天肯定是个百万富翁了……"

45岁："我不知道是否要和'老头'商量商量，或许他能帮我出出主意……"

55岁："真可惜，爸爸去世了。说实在话，他的看法相当高明！"

60岁："可怜的爸爸！您简直是位无所不知的学者！遗憾的是我了解您太晚了！"

　　步入青春期的男孩，开始质疑自己的父亲，也开始看不上自己的父亲。人长大了，思想开始独立了，逐渐形成了批判性思维。毋庸置疑，这肯定是好事情。但如果只是站在自己的立场上来表达一切、判断一切，就显得过犹不及了。

　　一般来说，我会利用父亲节这个节日，对所有男生进行一个应景的心理辅导。节前我会给男生布置这样一份作业：

　　1. 通过百度查询父亲节的具体时间。
　　2. 请说出父亲节的由来。
　　3. 请罗列父亲 5~10 条优点。
　　4. 请观察父亲的不易，写一篇观察日记。
　　5. 请为父亲准备一份礼物。

　　这份作业难度不大，男生基本上都能完成。我为他们的做法点赞之后，就会集中精力去男生的观察日记中寻找男生对父亲的相似描述，并把这些内容整合在一起，形成一篇《我那人到中年的父亲》。内容如下：

　　我的父亲已经40岁了。他看起来每天都像是去打仗一样，很忙、很累，回到家也不想说话。

　　以前他每个周末都会带我去公园玩，但自从我上初中以后，他就很少带我出去玩了，也不愿意辅导我作业。每天都说很忙，很累，很困。

　　他还会和我妈妈吵架，一般都是为钱的事吵架。每次吵完架，他都会去阳台抽烟。我知道他很郁闷，但我也不知道怎么安慰他。

他还很喜欢骂我，总说我成绩不好、又懒又笨，还说我考不上高中就让我滚蛋。我听到他骂我时，心里真的很生气，很想跟他打一架。

我爷爷奶奶身体不好，时不时要住院治疗。每次住院之后，他都会一个人长吁短叹。妈妈也埋怨他，说这些年挣的钱一部分被家里两只吞金兽（我和弟弟）给吞了，一部分被两个药罐子（爷爷和奶奶）给喝了。

我父亲在我妈那里受了气，就会来找我的茬，看我各种不顺眼。骂我，我忍了；但是打我，我就忍不了。于是我就经常跟他吵架，还闹过离家出走。

我把这篇经过整合的文章用PPT呈现出来，引起了男生们的共鸣，纷纷说自己的父亲目前就是这个样子。

我点点头，赞同地说，40岁的男人基本上就是这个样子，上有老、下有小，压力山大。当你进入青春期时，你的父亲也开始步入中年，进入了一种"中年危机"状态——你知道它是什么意思吗？

男生当然不懂得"中年危机"是什么意思，但他们颇为好奇，希望我解释给他们听。

我说，"中年危机"一般高发在39~50岁的男性身上，也被称为男人的"四十综合征"，这个人生阶段可能会经历事业、健康、家庭、婚姻等各种关卡和危机。

为什么男性在进入40岁就很容易产生中年危机呢？请听我给各位说道说道。

第一，事业上出现了瓶颈，让他看不到希望。人到中年，升职无望，发展无期，想改行重新开始，又有各种钳制因素无法突破。于是职业倦怠感汹涌而来，特别烦躁。绝大多数男人都看重事业，一旦事业出现危机，并且又没有能力解决这个危机，他整个人就会崩溃。

第二，家庭压力让他喘不过气。首先是父母逐渐老去，身体日渐衰弱。

此时，父母不仅帮不了自己的儿子，还需要儿子的照顾，并且需要儿子的经济支持。这就为中年儿子平添了压力。其次是配偶的抱怨。人到中年的夫妻，浪漫已过，甜蜜已逝，剩下的都是柴米油盐。最后是孩子的教育问题也困扰着中年男人。现在的男生，脑子里有很多奇思妙想和歪理邪说，耍嘴皮子他们都很厉害，但是一落到行动上，他们都怕苦、怕累、缺乏执行力、不谙世事，这让中年父亲特别崩溃。

一个尽职尽责的中年男人在家庭里，一要孝顺他的父母，二要关爱他的妻子，三要管教他的儿女。他们肩上挑着三座大山，真心不容易。

第三，越来越重的面子观令他压力重重。中国人本身就好面子，男人尤其看重面子。一个男人进入中年还事业无成，不能够给自己的父母和妻儿提供更好的物质生活，就觉得特别没面子。

你每天都渴望父亲来感受你的感受，那你体会过你父亲的感受吗？

第四，身体状况不佳让他恐慌不安。人到中年，身体开始亮红灯。脱发，让他没了自信；发福，让他看起来很油腻；痛风，让他多了顾忌；三高，让他变得焦虑。为了维护一个男人的自尊，他决不会把身体的各种不适拿来向家人絮叨。他会隐忍，甚至会隐藏身体的各种不适，力图在家人面前扮演一个无坚不摧的男人。这不累吗？很累。但是他觉得为了家人的安心很值得。可是每当夜深人静的时候，他内心又会恐慌不安。上述种种，身为儿子的你知道吗？

第五，儿子的叛逆让他心力交瘁。千万别认为这应该是妈妈的表现，真实的情况是，在叛逆的儿子面前，爸爸比妈妈更脆弱、更无助。中年男人在职场上打拼，每天搞得心力交瘁，回到家里，如果还要面对一个不懂事的儿子，真的很抓狂。他们要么放纵自己，把儿子臭骂狂揍一通，变成一个攻击型的父亲；要么就放任不管，推卸责任，变成一个逃避型的父亲。

作为儿子，你看到父亲的难处了吗？你体谅父亲的不易了吗？你只觉得自己穿的没别人酷、用的没别人炫、吃的没别人好，那你想过你自己表现得比别人好吗？

一路分析下来，男生们低头了，面露愧色了。看来，我的心理辅导初见成效了。接下来我就要给男生支招，教他们如何去理解自己的父亲，进而与父亲和解。

我说，男孩们，既然你们已经进入青春期了，并且敢于向父亲挑战了，那就意味着你们必须进行一个成年人的修炼了。你只有做好自己的本分，才有资格对父亲说不，也才能让你的父亲为你点赞，甘心把男人的权威给你。那么具体怎么修炼呢？

第一，做好一个学生的本分。 认真听课，努力学习，好好考试，遵守学校各项规章制度；不要总是被老师投诉，不要给父亲添堵。我在前面已经说过，男人都好面子。如果他的儿子在学校里表现恶劣，多次被老师投诉，还被"请"到学校与老师共同教育孩子，甚至被学校要求进班陪读，那么这位父亲不是被愤怒裹挟，就是被无力淹没。你希望你的父亲活成这样吗？如果不希望，那就认真做人、用心做事，在做事中成人、在成人中做事。

第二，做好一个儿子的本分。 身为儿子，要体贴、照顾、保护好自己的妈妈。这样父亲才能放心去职场上打拼，才能心无挂碍地去实现自己的家庭理想。同时，也要看到父亲的努力与付出，要学会给自己的父亲点赞。千万别以为父亲不想要儿子的赞扬。想想看，作为一个父亲，他努力的动力是什么？不就是儿女的健康成长和知恩图报吗？

还有一点也很重要，那就是关心父亲的身体。父亲焦虑了，说明他的工作、经济压力都很大。那就利用周末邀请父亲去爬山、打球、骑车，或者去电影院看一场电影。父子之间不用甜言蜜语，陪伴就是最大的安慰与鼓励。父亲失眠了，说明他除了压力之外，身体也出现了一些状况。这个时候，身为儿子，你要建议父亲去看医生，同时也要注意自己说话的内容和语气，尽量规避与父亲顶嘴。

有些父亲可能还会有熬夜、吸烟、酗酒等不良习惯，作为儿子，你可以对此进行适当的约束。当然,你在约束父亲的行为时,也要约束自己的行为,比如少打游戏、少玩手机。

我的男学生就在我的殷殷叮咛中慢慢变得懂事。他们放下叛逆,放下对父亲的成见,与父亲建立了亲近又不越界的父子关系。

所有的家庭教育图书,都在教父亲如何跟青春期的男生相处,并且都在表明一个观点,只有父亲改变,青春期的男生才会改变。可我觉得,要想建立相互支持、彼此欣赏的父子关系,只有父亲的改变是不够的,还需要青春期的男生改变思维和行动方式,从一个被动的受教育者转变为一个主动的家庭关系建设者。

写给爸爸妈妈的话:

很多男生进入青春期后,突然发现他的父亲产生了巨变:以前高大威猛的父亲在他眼里变得渺小,以前英俊潇洒的父亲在他眼里变得"油腻",以前无所不能的父亲在他眼里变得胆小,以前爱说爱笑的父亲在他眼里变得沉闷,以前节制隐忍的父亲在他眼里变得放任,以前刚强勇猛的父亲在他眼里变得脆弱,以前性情平和的父亲在他眼里变得暴躁……于是男生开始对父亲不屑、不理,甚至对抗。用心理学来解释,进入青春期的男生在心理层面已开始向父亲夺权,但他们的体能和经济能力又不允许他们放手一搏,只能在精神层面进行对抗。这当然不是什么好事。父子相斗,只会令男生更加叛逆,进而影响他的学业,阻碍他的社会化进程。这个时候,最好由母亲出面,引导儿子理解父亲的不易,找回从前的父子亲情。那么母亲可以做些什么呢？

首先，母亲应该鼓励儿子主动与父亲交流。母亲要提醒儿子，父亲虽然可能在表达情感上显得笨拙，但内心深处是关心和爱护儿子的。通过分享自己的经验和感受，母亲可以帮助儿子理解父亲的行为和态度，从而减轻误解和缓解冲突。

其次，母亲可以组织一些家庭活动，让父子共同参与。这不仅有助于增进他们之间的了解和信任，还能让他们在共同经历中培养默契和团队精神。通过活动，儿子可以更好地了解父亲的喜好和价值观，从而更容易与父亲产生共鸣。

最后，母亲应该给予儿子足够的支持和鼓励。当儿子在与父亲沟通或相处中遇到困难时，母亲应该耐心倾听并给予建议。母亲可以告诉儿子，每个人都有不同的个性和表达方式，需要相互包容和理解。通过母亲的鼓励和支持，儿子会更加自信地面对与父亲的关系问题，努力寻求解决方案。

09 **良性竞争**会让男孩变得更优秀

> **铿锵三人组@钟老师**：我有三个好兄弟，我们彼此之间都是你我好大家好、开心就好。但是有一个很大的问题，那就是我们的成绩并没有见好。数学老师对我们说，你们虽是兄弟，但也要彼此竞争啊，要相互成为对手啊，这样你们才能共同进步。我的疑问就是，兄弟之间可以竞争吗？

2019年爆火的家庭伦理剧《都挺好》，剧中父亲苏大强，是一个可怜又可笑的懦弱男人。领导看不上他，所以他一辈子没有得到重用；同事看不起他，所以他始终没得到同事的尊重；老婆看不起他，所以他一辈子也没得到老婆的爱；儿女看不起他，所以他当父亲也当得很拧巴。

苏大强一辈子不偷不抢、不打不骂、人畜无害，是一个普普通通的人物，为何活得如此憋屈呢？

这是我与男生们讨论《都挺好》这部剧时，向他们抛出的一个问题。男生们就这个问题做出了这样的回答：

苏大强太作了，所以把儿女都作得离他而去。

苏大强很没用，无权无势无钱无物，可以说是一无所有。

苏大强很懦弱，凡事都不敢去争，只知道逆来顺受。

我没有对男生的回答做出对错的判断，只是轻描淡写地做了这样的点评：嗯，不错，你从这部电视剧看到了这个问题。嗯，你从这个角度切入，又看到了另外一些东西，很好。

点评完毕，我对男生们说，其实，这跟他是一个男人有关，也跟他缺乏竞争意识有关。我们来看看这个世界对男人的期许。

整个社会对男性的期许是什么？

理性，有抱负，自信，运动能力强，成为拥有很多优势人格的领导者，特别看重个人成就和自立品质。

女性对男性的期许是什么？

有责任，有担当，有能力，有自己的事业。

妻子对丈夫的期许是什么？

养家糊口，保护家庭不受外界伤害，期望男方在家庭建设中承担更大的责任。

父母对儿子的期许是什么？

有出息，有社会地位，健康，可以让他们放心。

儿子对父亲的期许是什么？

强大，有社会地位，有经济地位，能保护他，可以让自己有安全感。

女儿对父亲的期许是什么？

温暖、幽默、有趣、会玩，有责任感，对妈妈好，会做菜。

我们可以说他们的期许不合理，毕竟他们没有经过男性的同意，就进行了各种期待，给男性增加了巨大的心理压力。我们可以不理这个社会对我们的期许，也可以不理旁人对我们的期许，但是我们能够拒绝自己亲人对我们的期许吗？

曾有研究者做过"110种社会文化中五种心理品质社会化过程的性别差异"调查，得出了这样的结论：从数据来看，社会更强调男性的成就与自立。

或许这些期许对男性并不公平，但不管承认还是不承认，世俗的社会对男生就是这样期许的。因此男生必须具备竞争意识与行动力。

什么是竞争意识呢？

简单说，竞争意识就是以个人或团体力量力争压倒或胜过对方的一种心理状态。

竞争意识有什么作用呢？

它能使人精神振奋，努力进取，促进事业的发展。有竞争，社会才会有活力，世界才会发展得更快；有竞争意识，人们才会奋发图强，实现自己的理想。竞争，使个人完善，使群体上进，使社会发展。

请每个男生扪心自问：作为一个男生，从幼儿到青春期，隐藏在你人性深处的竞争性还有吗？

很多男生都跟我反馈：竞争太辛苦了；认怂虽然丢脸，但轻松啊。还有现在啥都不缺，干吗要竞争啊？人家好就让人家好呗，我干吗要去跟人家比？

如果说男生们的心态真有这么平和，我倒是很赞成。关键是现在很多男生嘴上认输，心里却不服气，行动上又看不见。嘴上说我想要这个、想要那个，但让他踏踏实实付诸行动又嫌累嫌烦了。说白了，就是眼高手低，行动配不上认知。

一个缺乏竞争意识的男人会面临哪些人生尴尬？我请每个男生都穿越到未来，对自己的人生进行生动形象的描述。

一个男生说：学历太低，找不到好工作；收入低，买不回尿不湿和奶粉，孩子没奶喝，可能会被孩子妈妈捶一顿。

男生的这番描述引发了全班的爆笑。等男生们笑够了，我一本正经地说道：我完全相信有这种可能，因为我曾亲眼见过我那不争气的堂弟被坐月子的老婆用筷子戳得哇哇大叫。

还有个男生说：以为有了铁饭碗，缺乏竞争意识，不求上进，结果人到中年公司裁员，啪的一声把我给裁了。我没了工作，上有老下有小，还有那伸手找我要钱的老婆，我拿什么去养我的家人？我虽然内心强大，决不会跳楼，但肯定会躲在桥洞里不想出来。

男生的描述虽然有些惨，但也不是没有这种可能。网上不是经常有一些面临中年危机的男人选择离家出走，甚至寻短见的心酸事件吗？

既然男生们都知道缺乏竞争意识现在好过、今后难过，那么就要帮助他们培养竞争意识。具体怎么操作呢？

主观上，让每个男生都要认识到，要通过自己的努力超越自己和他人，就要不服输，每天进步一点点。

每天无所事事、空虚无聊时就要赶紧进行负面想象：如果不求进取，经常被别人碾压，那么未来的命运将是什么下场？社会不善待，父母不骄傲，妻子不佩服，孩子不认可；成为一个可怜虫，活得凄风苦雨。

通过负面想象让自己打个寒噤，然后赶紧进行正面想象：积极上进、取得了令人骄傲的成绩，社会认可、女性喜欢、父母骄傲、孩子崇拜，活成了自己人生主场的王者。

客观上，躬身入局，立即行动。干活，只有干，才能活。所有美好想象要变成现实，都需要超强的行动力。

学习上，即便学无止境，也决不放弃。

运动上，决不含糊，一定要让自己有一个强健的身体。

特长上，寻找自己的长板，找回价值感。

品质上，刻意培养自己的胆识，克服自己的自卑感，把不敢变成敢；树立努力做到最好的信念；胜不骄，败不馁。

最后再扪心自问：为了达到超越他人的目的，竞争可以不择手段吗？

竞争不应是狭隘的、自私的，竞争者应具有广阔的胸怀。

竞争不应是阴险和狡诈、暗中算计，而应是齐头并进、以实力超越。

竞争不排除协作，没有良好的协作精神和集体信念，单枪匹马的强者是孤独的，也不容易取得真正的成功。

最后请牢记正当竞争三原则：

竞争应以公平为基础。

竞争应以合作为前提。

竞争的结果应该是双赢的。

亲爱的男孩们，你想成为什么样的人，选择权在你手里，行动力由你激发，总之，一切由你决定。进入青春期了，长大了，应该学会选择并且为自己的选择负责任了。

写给爸爸妈妈的话：

我从来不喜欢"你好我好大家好"的局面，这是不思进取之人的借口。我也不喜欢那些满口"佛系""躺平"之人的人生态度，这疑似在为自己的懒惰找理由。人活在这个世上，不论求还是不求，都免不了要与人竞争。唯有竞争，才会让人类进步、社会发展、家庭兴旺、个人成长。但是，究竟怎么竞争才有价值和意义？除了学校老师的教育外，父母也需要身体力行的引导。那么，父母要怎么指导男孩进行良性竞争呢？

首先，父母应该以身作则，展现出积极的竞争态度，通过自己的言行，向儿子传递竞争的价值和意义。例如在工作中追求卓越，积极参与社区活动，以及与他人友好合作等。这样的行为将激发儿子的竞争精神，并促使他学会如何在竞争中保持积极的态度。

其次，父母要鼓励儿子关注个人成长和进步。竞争不应该仅仅是为了超越他人，更重要的是超越自己。父母应该引导儿子设定个人目标，并努力提升自己的能力和技能。通过关注自己的成长，儿子将学会更加理性地看待竞争，并将其作为自我提升的动力。

再次，父母还应该教育儿子尊重他人，并学会在竞争中保持公平和诚信。在竞争中，我们应该遵守规则，不采取不正当手段来获得优势。同时，我们也要学会欣赏他人的成就，并为他们的成功感到高兴。这样的竞争态度将促使儿子与他人建立良好的人际关系，并培养他的团队合作精神。

最后，父母要给予儿子足够的支持和鼓励。青春期是一个充满挑战和困惑的阶段，儿子可能会遇到失败和挫折。作为父母，应该鼓励儿子面对困难，并帮助他从失败中汲取经验教训。同时，父母也要给予儿子正面的反馈和肯定，让他感受到自己的价值和能力。

10 送给男孩们的爱情准备清单

> **XYZ*@钟老师**：我已经满14岁了，我有喜欢的女孩了，我想追求她，和她发展成恋爱关系。可以吗？再说了，我身边好多兄弟都在蠢蠢欲动，想要谈恋爱了，我要是不谈一个女孩，在兄弟中很没面子呀。

不管老师，或者父母同意或不同意，男孩进入青春期了、身体发育了、认知也比以前提高了，他们心里的想法就不仅仅只是玩儿或者写作业，而是开始关注异性同学了，并且还想与异性同学发展为恋爱关系。关键是，我的男孩们，你们是真懂吗？做好充分的准备了吗？我觉得咱先不要着急行动，还是先好好阅读我给你们准备的这份爱情清单吧。读完之后，扪心自问：我具备谈恋爱的条件吗？我能承担恋情带来的所有变故吗？我能让恋爱双方都获得最大化的成长吗？如果你的回答是否定的，甚至哪怕有一丁点迟疑，那么在当下的时间和心境中，你都不适合谈恋爱。

一、你懂得什么叫爱情吗？

如果你只是喜欢一个人，但还不懂得怎么去爱这个人，那说明你还不懂爱，你只有原始的本能。一个不懂爱的人，就没有能力获得优质的爱情。关于爱情的说法颇多，有一种说法我比较欣赏，摘引出来供大家参考：

成熟的爱是两个相对独立的灵魂相互欣赏。是没有你我可以过得很好，但有了你我会过得更好，我也会因为你变得更棒。

你有发自内心欣赏的女生吗？你的出现会让女生更开心更优秀吗？还有你自己，你会因此把自己变得更优秀吗？如果你的回答是肯定的，那么恭喜你，你可能找到真爱了。但如果你所喜欢的人让你的生活兵荒马乱、霜雪满天，那么你找到的必是生命的宿敌。这时长痛不如短痛，你应快刀斩乱麻，及时止损，迅速离场。如果你的出现，打乱了对方的生活布局，令对方感到不适，甚至呈现了颓败的人生趋势，那么你，就变成了对方的人间地狱。此时，你要做一个善良的人，迅速放过对方，同时也成全自己。

爱情是一对一的关系，两人情感存续期间，必须相互忠诚、彼此负责。

二、喜欢一个女生需要告知天下到处炫耀吗？

如果你真这么做了，我只能说你一句：幼稚。喜欢一个人有很多种方式，但我不支持搞得沸沸扬扬人尽皆知的方式。

喜欢可以是默默守护，也可以不露痕迹地交往，还可以帮对方做事情……总之就是在对女生好的同时，不要给女生造成麻烦，更不要让女生产生心理上的负担。

没有伤害的喜欢，不论哪一种结局，都值得珍藏。

三、恋爱中，或恋爱结束后，可以把两人的交往细节曝光吗？

不可以！坚决不可以！两人之间发生的事情，如果没有得到另一方授权就擅自向外公布，都是对对方的伤害，严重的甚至会触犯法律。

男女之间的交往本就极为私密，所有细节均属两人秘密。不论是交往中，还是恋情结束，私密的交往细节要么珍藏于心，要么选择性遗忘，决不可以曝光在大众眼皮子底下。即便两人关系交恶，也不可以报复性地曝光。当下关系再恶劣，也不能否认当初的美好。就算有不美好，心中有不平，放下也是对自己和他人最体面的成全。

四、喜欢某个女生一定要表白吗？

这个要视具体情况而定。内心强大，能接受表白失败的打击，那就勇敢地把自己的爱慕之情表达出来。但如果心理建设没做好，表白一旦失败就深受打击、从此一蹶不振，还是藏在心里最安全。

如果你处事老练、行事理智、情绪稳定，两性之间发生变故也能体面地进行协商处理，确有喜欢的对象，也可以表白。反之，还是藏在心里比较体面。

五、万一表白失败了怎么办？

你表白之前就要做好心理建设。既然是向女生表白，答应或不答应就是女生说了算。女生有权利接受他人的爱，也有权利拒绝他人的爱。因此，表白还未开始，50%的失败率就摆在那里了。表白一旦失败，男生这样做比较妥当：

1. 积极解释。女生之所以拒绝我,不是因为自己不够优秀,而是我与女生的选择不匹配。当然,自己也有可能存在不足,没事呀,那就积极改进,去成为更优秀的男生。当然你也可以暗暗吐槽一下女生——呀,这个女生选人的眼光太差了,这么优秀的男生她都看不上,她不是我生命里最对的那个人。一别两宽,各生欢喜,大气转身,好一个"帅"字了得。

2. 冷静梳理,找出自身不足,积极提升。身体不壮,那就多锻炼。学习不好,那就认真听课,努力学习。口才不棒,那就勤学苦练。性格不良,那就努力改进。情商不高,那就加强训练。你若优秀,必定有优秀的女生在某个地方等着你。

六、喜欢一个女生一定要跟她在一起吗?

幸福的人,不一定跟自己最喜欢的人在一起,而是跟自己最合适的人在一起。什么样的人才是最合适的人?也就是你在这个人面前不用装,可以做最真实的自己。这个人既能享受你的光芒四射,也能接受你的暗淡无光;既能欣赏你的优点,也能包容你的缺点;既能理解你的宏大抱负,又能助你一臂之力,让你实现你的抱负。

七、嘴笨的男生讨女生喜欢吗?

有智慧的女生是不会被表象麻痹的。她们往往会喜欢那种有上进心、为人真诚、做事靠谱的男生,即便嘴笨一点也没关系。

如果你确实嘴笨,就不要在这方面较劲了,还是另辟蹊径吧。比如练一手好字、积累一些金句、能写出漂亮的情书,也是可以的。再比如认真学习,把自己炼成优秀的学生,也会为你加分不少。总之,要努力发展自己。

八、中学生可以谈恋爱吗？

我只问一句：你能给你所爱的女生什么呢？精神上你还不成熟，心理上你脆弱敏感，前途上你还在跋涉，你凭什么去爱？

爱是有条件限制的。别人要么喜欢你的颜值，要么喜欢你的为人，要么喜欢你的性格，要么喜欢你的能力，要么喜欢你的独特……总之，你得有一样东西拿得出手。

刚开始喜欢一个人，身体会分泌多巴胺，令你感到快乐；分泌苯乙胺，让你沉浸在情爱里不能自拔；分泌内啡肽，让你产生幸福感。你就像飞翔在云端，不知所措，又妙不可言。

但是，身体不是永动机，激素不可能永远分泌，高峰体验不会持续不断。科学家说，最多30个月，那些令你感到愉悦的激素就会慢慢停止，感情也趋于平淡。

这个时候，你还能欣赏对方，并且愿意为对方完善自己，帮助对方变成更优秀的人，那么你就是一个懂得爱的人。反之，即便你到了50岁，也没有资格邀请你喜欢的人与你一起进行生命的旅行。

客观上说，你长大了、身体发育成熟了，亲情和友情已经无法填满你的感情世界了，确实可以展开一场浪漫旖旎的爱情之旅，我表示支持。主观上说，你目前各方面条件都不成熟，不适合谈情说爱。所以我表示理解但不支持。

写给爸爸妈妈的话：

男生进入青春期，突然就发现自己长大了，然后对女生的一举一动都充满了好奇，甚至还在心里悄悄地对某个女生滋生出一丝好感，脑子里总是萦绕着这个女生的音容笑貌，然后就想找个机会去接近她。男生们的小心思，家长不仅要理解，还应保护，更要给予正确的指导。事实上，很多家长对于男生的这些想法，都持否定态度，甚至言语之中还带着斥责与羞辱。这样做的后果是什么呢？一是可能会激发男生的叛逆之心。你不让我想，是吧？那我不仅要想，还要付诸行动。二是阻遏男生对异性感情的渴望，导致他们成年之后缺乏追求异性的勇气，更缺乏经营两性感情的能力。为了孩子未来的幸福人生，家长不仅要理解青春期男生对两性感情的渴望，也要给予适当的指导，让男孩在懵懂的青春里，既保持着对美好感情的憧憬，也保持着对男女交往的基本理性。因此，我特地为男生做了一份爱情准备清单。我希望家长可以把这份清单打印出来，与孩子一起阅读，一起讨论。我相信，只要父母引导得当，男孩就不会在性意识初萌、情窦初开的时候出问题。

11 喜欢做家务的男孩更有魅力

> **坚持己见 @ 钟老师**：我们班主任总是安排我们周末回家做家务，还说，这是劳动课程的要求，必须要做，并且还要拍照留痕，我想偷懒都偷不了。真的有这个必要吗？

我每天早晨进教室，都会带着学生们做卫生。在做卫生的同时，我也观察孩子们如何做卫生。观察的时间久了，我竟然洞察出一些秘密。

我发现那些做卫生特别主动、做得特别干净，并且特别有效率的孩子，不论男女，责任感都比较强，并且与身边的同学，都能建立非常健康的关系。相反，那些做卫生特别磨蹭、拖拉，甚至逃避的孩子，责任感都很差，学习成绩也很一般，与身边的同学关系也不是特别友善。另外一个秘密就是，女生在做卫生时，比男生更认真、做得更彻底、更让老师放心。

华东师范大学刘良华教授在他的《教育自传》一书中，多次提到"做家务可以培养孩子的责任感"。对此我深表赞同。

我是一位女性，同时也是一位母亲，更是一位老师。站在我的角度，我除了希望女孩学会做家务外，更希望男孩也要学会做家务。

2022 年，SCI 期刊 *PLoS One* 在线发表了来自香港中文大学的关于做家务的研究《做家务可以减少中国男性的全因和癌症死亡率》。其研究结果显示，对于男性来说，经常做重型家务可使癌症死亡风险降低约52%，参与轻型家务的癌症死亡率可降低67%。

中国人民解放军总医院和中国科学技术大学的研究者对1.3万名年龄在35~78岁之间的中国城市男性调查发现，衣来伸手、饭来张口者更容易患糖尿病，而挽起袖子多做家务有助预防糖尿病。

从2022年秋季开始，劳动已正式成为国家课程，进入了义务教育学段的课表。《义务教育劳动课程标准》明确规定七到九年级的学生，要学会整理、修理、烹饪等家务。

那么会做家务的男孩，究竟能获得哪些好处，以及能生成哪些魅力呢？

一、喜欢做家务的男孩会获得哪些好处呢？

1. 可以培养男生的自理能力。 男生从小就学习整理自己的房间，帮助妈妈洗碗、扫地、晾衣服，长此以往，就会习得特别强的自理能力。我儿子从3岁起就开始帮家里丢垃圾，5岁就自己洗袜子和内裤，7岁就开始洗碗做饭，12岁后，生活方面的事情根本不需要父母操心。由于他的生活自理能力非常强，我就成了一个不啰唆的妈妈，母子关系特别和谐。

最为关键的是，他从家务劳动中学会了责任和担当，也学会了如何用行动来表达对家人的爱。我相信，以他在做家务中形成的精神品质，不论他成为丈夫，还是父亲，都将是一个非常优秀并且有魅力的男人。

2. 可以创造与家人沟通的机会。 男生在做家务时，父母就会在旁边指导。指导的过程，就是相互沟通的过程。平时不方便说的话，就在做家务的过程中不知不觉地说了，亲子关系也就更加和谐了。

我每带一届学生都会做一个调查，都会发现一个相同的秘密：但凡亲子关系特别和睦的家庭，父亲都很爱做家务，男孩也很勤快。

进入青春期还不在父母面前叛逆，并且与母亲的关系非常融洽的男孩，除了性格开朗之外，更多的是这个男孩喜欢做家务、喜欢参与家庭建设。

3. 长大后能自我照顾。中国有句古话叫作"儿行千里母担忧"。为什么会担忧？因为儿子不会照顾自己，老母亲放心不下呀。那些会打扫屋子、会修水管、会换灯泡、会买菜做饭的男生，不管他去世界的哪个角落，母亲都很放心，因为他不会饿着、不会冻着，他能把自己照顾得很好。

我儿子成年后，我脑子里天天想着的就是如何把他赶出我的家门，让他另立门户独自生活，尽快完成从原生家庭分离的任务。因为他只有与原生家庭分离后，才能把心思放在组建自己的原生家庭上面。为什么我敢放心大胆地让儿子与原生家庭分离呢？因为他的精神世界很独立，生活能力非常强。不管在哪里，他都可以把自己照顾得很好、生活得很幸福，我何必还要担心他，管控他呢？

二、会做家务的男生究竟有怎样的魅力呢？

1. 有强烈的责任感。男生在做家务的过程当中，不知不觉就会热爱自己的家庭，培养自己的家庭责任感。这样的男生长大之后应该会很靠谱。

2. 有感恩之心。男生亲自动手做家务，就能够感同身受：父母在为他付出的时候，是多么劳心劳力、无怨无悔。由此，他就会对自己的父母心怀感恩。对父母能心怀感恩的男生，对这个世界就能充满善意。

3. 心态阳光。喜欢做家务的男生，看到自己做出来的美食受欢迎，很开心。看到自己打扫过的房间，干净又整齐，很开心。听到父母或者邻里对自己做家务的行为点赞，很开心。在开心与点赞中长大的男生，心态必定阳光。

4. 性格温和。做家务需要耐心和细心，性格暴躁的人很难静下心来做家务。因此，热衷于做家务的男生，性格会比较温和、好说话、好相处。

5. 会照顾人，在乎别人的感受。会做家务的男生，在做家务的过程中，已经养成了动手的习惯。同时，他们之所以愿意做家务，也是因为很在意家人的感受。因此，他们在与别人相处的时候，就懂得照顾别人，能在乎别人的感受。与喜欢做家务的男生出去吃饭、旅行的时候，你会发现，这些男生简直就是宝藏。聚餐时，他们会主动帮忙订餐、涮碗筷、分发纸巾，并且还会体贴地给年长者夹菜。旅行时，他们会做攻略、会找酒店、会发掘好玩的项目。

6. **热爱生活，远离抑郁**。喜欢做家务的男生，能从做家务当中感受到生活的乐趣。因此，他们在做家务时，心情轻松愉快、身体轻盈灵动，有时还会听到他们吹着口哨、唱着歌儿在做家务。有些男生做家务时，还喜欢进行微变革，把创新精神都培养出来了。这种喜欢动手、喜欢创新、热爱生活、对人群充满善意的男生，身心都会非常健康。

写给爸爸妈妈的话：

我儿子3岁起就跟着我学做家务，14岁时能搞出一桌菜来招待客人，大学毕业时厨艺已相当精湛。不论是集体宿舍，还是独自居住，对他，我都特别放心，因为他的生活能力很强，也很有责任感。我不用担心他外出求学会饿着，独自谋生会狼狈；更不用担心他身边没朋友，因为一个喜欢做家务的男生，是很有魅力的。

我已把做家务的好处给男生逐条描述了，有理有据，他们肯定会信服。但光描述好处还不行，很多青春期男生都有这样一种态度：你说得有道理，但我不想做。我建议家长们与班主任商议，在班级群里开展"晒家务"的活动。请班主任每周给男生布置一项家庭作业，那就是帮助父母做家务，并且拍照——或者录制一个小视频也可以。

班主任可以把这些照片做成"美篇",把小视频合成班级"家务能手展示视频"。既有内在需要,又有外部推动,男生就会放下手机去做家务了。

12 一个不懂得**拒绝**的男孩会活得很糟心

似懂非懂先生 @钟老师： 我是一个初二的男生，我觉得我能够维护基本的人际关系，完全是因为我不会拒绝。我不拒绝男生请我帮他们干活，也不拒绝女生请我帮她们跑腿。看起来我们班上的同学对我都不错，但我自己经常会觉得特别窝心。凭什么活都是我干哪？我也有自己的事情好不好？那些事情明明他们自己可以干好，为什么要假手于我呢？因为我不会拒绝。我不仅付出了时间和精力，有时候还会付出金钱，但我并没有得到相应的回报。我真的很苦恼。

为什么生活当中有那么多的男生，明明可以果断干脆地拒绝别人的不合理要求，可是他们却不愿或不敢拒绝别人的要求，以致把自己的生活搞得一团糟呢？

从心理学的角度来说，很多时候，不会拒绝别人的人，是骨子里太自卑，担心拒绝会引起对方的不满，并因此离开自己。他们缺乏安全感和自信心。

还有一个原因，就是他们怕引起对方的愤怒，怕对方"报复"——这样的结果他们无法面对。

哈佛大家曾对1000人进行过一项长达三年的调查，得出这个结论：一个懂得拒绝的人，能解决90%的麻烦。我顺着这个结论表达一下我的观点：一个不懂得拒绝的人，会给自己增加90%的麻烦。

因此，学会说"不"非常重要。拒绝是一种能力，也需要智慧。那么，亲爱的男孩们，你们在生活当中遇到别人的无理要求时，该如何拒绝呢？

首先，要树立强大的自信心。 要明确告诉自己：当别人向自己提出请求时，时间、精力、金钱，各方面都允许的时候，能帮，是情分；不帮，是本分。咱不欠谁，不必有任何的心理负担。吃自家的饭，过自己的日子，不需要看别人的脸色，也不需要去揣摩别人的心理。如果拒绝让别人不爽，别人因此再也不同你玩耍，那也没有关系，大路朝天，各走半边；你有你的道，我有我的桥。

我的学生阿明，是个出了名的老好人。有男生不想扫地，只需在教室里大呼一声：阿明，帮我扫地。阿明就会放下自己手头的活儿，去帮别人扫地。放学了，有男生不想背书包，只需拍一下阿明的肩膀，说：帮我背书包。阿明一声不吭，就会把人家书包挂在肩上。阿明左右两肩都挂了书包，竟然还有同学直接在他颈上挂一个书包。阿明身上挂着三个书包，不堪重负，压得他弯腰驼背。

我问阿明，别人叫你做什么，你都全部揽过来，你心里乐意吗？阿明怯怯地答道，我当然不乐意，为他们做事把我自己的活都耽误了。但我不敢拒绝呀，我害怕他们不喜欢我，害怕他们揍我，也害怕他们不跟我玩。

我给阿明打气，明天你试着拒绝一下，就算别人不跟你玩了，不还有我吗？只要你拒绝了第1次，就敢拒绝第2次。当你学会了拒绝不合理的要求时，别人就不敢开口要你做这做那了。

阿明酝酿了四五天，终于开口拒绝了同学要他帮忙扫地的请求。同学惊讶地看着他，不满地说：你哪里来的底气啊？谁在给你撑腰啊？

我毫不客气地对那个提出非分要求的同学说道：阿明本人就是底气，他勤奋、努力、与人为善，在学校尊敬老师、在家里孝顺父母，这么优秀的孩子，难道没有底气？至于谁在他背后撑腰嘛，那自然是我呀。对于那种不懂得拒绝的行为，我不接受；对于那种向别人提出不合理要求的行为，我不允许！

自那以后，没有同学再对阿明提出非分要求，阿明的脸上有了笑容，腰背也挺得更直了。我问阿明，学会拒绝后爽不爽？阿明笑着说，简直不要太爽了，没有人揍我，也没有人不跟我玩。我意味深长地对阿明说，人都是慕强的，尤其是男孩，只要你敢为自己发声、敢于拒绝，你就会为自己赢得尊严和尊重。

其次，学会一些简单的拒绝技巧。比如别人向你借钱，你该怎么拒绝？态度诚恳地告诉对方，目前自己手头资金有其他支出的项目，非常紧张，没法帮到朋友，很抱歉。还比如同学想抄你的作业，你该怎么拒绝呢？你可以把那个抄袭者的不满情绪转移到老师那里去。你可以对那个同学说，老师已经明确给我提出警告了，如果我再把作业给同学抄，他就要对我严惩不贷，所以请你饶了我吧。还比如别人邀请你出去玩，或者出去吃饭，可是你又想利用这个时间来学习，那么你该怎么拒绝这个邀请呢？你可以这样说，我今天给自己订了一个目标，要用三个小时来学习，并且我还和我的家人有约定，他们要检查我的学习效果。

我的学生碰碰，从初一开始就立志要考深圳的四大名校，他也是我所带班级的班长。经常有男生邀约碰碰一起打游戏，还有男生邀约他去游乐场玩，甚至还有个别男生请他写作业。碰碰都以"我妈要我怎么样，我的老师要我怎么样，我要怎么样"为由，拒绝了其他男生的邀约和不合理的要求。

碰碰的时间和精力都没有被他人消耗，有大量的时间来搞学习，所以他的学习成绩一直都非常优秀。他拒绝了来自不同方面的不合理要求，所以他没有违反任何规则。作为班长，他在同学中口碑非常好，大家都服从他的管理。最终他也如愿考进了深圳四大名校之一的深圳中学，全班同学都对他佩服得五体投地。

男孩们如果想掌握更多的拒绝技巧，可以买一本关于拒绝的书来读，书名就叫《拒绝之书》。还可以上网查询关于拒绝的技巧来进行练习。有书可读，有网可查，有方法可循，只要勤加练习，就一定能学会拒绝的技巧。

我还建议男孩们：如果你觉得学习拒绝的技巧很难，那就直言不讳地拒绝别人的要求。你用这种直接的方式拒绝别人，开始别人也许感到不太舒服；但若经常用这种方式去拒绝别人，在别人看来这就是你的个人风格，久而久之也就接受了，别人也就不会来麻烦你了——他们知道啃不动你这个硬骨头，就会转身去啃那些软骨头。

我经常会在微信上收到各种奇怪的求助，有些人在向我求助时，还会道德绑架我，貌似我不帮他们解决问题，就不配做名师。我当然不会完全拒绝，但也不会每一个问题都解决。我不是万能的神，我只是个普通的人，只能接受我能做到的事，回绝我不能做到的事。我这样做可能会令一些人在背后诟病我，但我听不到，我的情绪不会受到任何影响。就算听到了，也无所谓，我心地光明天地宽。干好我的工作，过好我的生活，这就够了。

写给爸爸妈妈的话：

很多男孩，为了讲义气，还有爱面子，或者怕得罪人，明明做不到，却不好意思拒绝，最后把自己搞得痛苦不堪，却又不敢声张，生活一片凌乱。

那么身为父母，我们该怎么教自己的孩子学会拒绝他人的不合理要求呢？

1. 明确界限与价值观。首先，父母应与孩子一起明确什么是合理的要求，什么是不合理的要求。这通常涉及孩子的个人安全、健康、时间管理以及道德观念。通过与孩子讨论，让他们理解自己的权利和责任，并学会在尊重他人的同时保护自己的利益。

2. 教授说"不"的艺术。教孩子以一种礼貌而坚定的方式拒绝他人。这可以通过角色扮演来实践，让孩子在模拟的场景中练习如何表达自己的想法和感受，同时不伤害对方的自尊心。关键是要让孩子明白，拒绝别人并不意味着自己是坏人，而是在保护自己的权益。

3. 培养自信与自主决策能力。鼓励孩子相信自己的判断，并让他们学会自主决策。当孩子面临一个要求时，父母可以引导他们思考：这个要求是否符合我的价值观？我是否愿意为此付出时间或努力？通过这样的问题，帮助孩子建立自我评估的能力，从而更容易识别不合理的要求。

4. 提供支持与安全感。当孩子拒绝他人的要求时，他们可能会感到不安或担心被孤立。作为父母，我们需要给予孩子情感上的支持，让他们知道无论发生什么，家都是他们的避风港。这样可以增强孩子的勇气，让他们更有信心地拒绝不合理的要求。

13 抽烟的男孩并不酷

> ComHAO@钟老师：非常抱歉，我抽烟了，并且还被级长逮了现行；请了家长不说，还被学校警告处分。其实我自己也不想抽烟的，但是有很多男生都在抽烟，大家都认为青春期男孩抽烟特别酷，于是我就跟着别人抽烟了。现在我不仅被学校处分，还连累了班级，也给父母和老师丢脸了。

抽烟真的很酷吗？心智不成熟的人可能会这么认为，比如进入青春期的男孩。一个心理成熟的人，哪怕他就是一个抽烟者，他也不认为抽烟是很酷的行为。

抽烟不仅不酷，还会给自己和他人带来诸多危害。

首先，抽烟会给自己带来哪些危害呢？

据世界卫生组织调查，在工业发达的国家中，占国家人口四分之一的肺癌患者，吸烟占90%；死于支气管炎的，吸烟占75%；死于心肌梗死的，吸烟占25%。吸烟不但给本人带来危害，而且殃及子女。有学者对5200个孕妇调查分析，结果发现其丈夫每天吸烟的数量与胎儿产前的死亡率和先天畸形儿的出生率成正比：父亲不吸烟的，子女先天畸形的为0.8%；父亲每天吸烟

1~10 支的为 1.4%；每天吸 10 支以上的为 2.1%；孕妇本人吸烟数量的多少，也直接影响到婴儿出生前后的死亡率。

这组数据科学准确地说明，抽烟容易引发身体疾病并加速死亡；父亲抽烟，还会致使婴儿畸形或死亡。说到这里，或许有些男孩会反驳：有些人烟不离手，但是身体比不抽烟的人还健康，这个怎么解释呢？

我咨询过相关医生，医生做了如下专业的回答：

1. 先天基因不同，有些人基因里就自带强大、健壮的元素，对影响身体的不良物质，有很强的抵制能力。特别提醒：这种特殊体质的人在人群当中只占 10%。请问，你是那 10% 里面的人吗？

2. 注重饮食习惯。有些人虽然抽烟，但他们的饮食习惯非常好，吃得很清淡、有营养。垃圾食品从不进嘴，重口味食物也不下肚。作为正在长身体的男孩们，你愿意吃得很清淡吗？你没吃过垃圾食品吗？你没出现过暴饮暴食吗？我笃定你的答案是 NO！

3. 抽得很节制。有些人虽然抽烟，但他们不成瘾，因为社交、提神、消愁的需要，偶尔抽一抽，危害确实不算太大。

4. 作息时间很规律，并且很喜欢运动。有些人虽然抽烟，但是他们该睡睡，该吃吃，该动动。能早睡他们就不晚睡，能吃饱他们就不吃撑，能站着他们就不躺着。可是，诱惑四面埋伏，夜生活光怪陆离，很多年轻人都做不到规律作息和按时运动。

亲爱的男孩们，如果你不想疾病缠身，不想让你的孩子成为畸形，那么远离香烟，是一种非常明智的活法。

其次，抽烟会严重影响男孩的个人魅力，具体有哪些方面的影响呢？

1. 抽烟会引发口臭。口臭是一种极其影响个人魅力的疾病。唐代诗人宋之问，品貌好、才学高，武则天非常欣赏他的才学。宋之问一心想追求武则天，但是因为他口臭，武则天每次见到他都要掩面捂鼻。宋之问也就只能想入非非而不得。各位捂嘴想想，你若口臭，不要说所有的女孩都嫌弃你，连男孩都不愿意跟你近距离说话。

多年前，我在一所学校教书，遇到一个男同事，为人正直、做事严谨，真的是个好人。但他烟不离手，一日三餐必喝酒，他身上的气味特别难闻。同事不想跟他多有交集，学生也不喜欢听他讲课，就一个原因，觉得他臭。一个好好的人，就因为这个不良习惯，他的人际关系很疏离、教学效果也不优秀。

2. 抽烟会使得你面色难看、牙黄手焦。设想，你面泛菜青，一口黄板牙，手指头还焦黄，一出场就像是从古墓里走出来的人，谁稀罕你呢？

3. 抽烟会致使呼吸系统出毛病引发咳嗽。一个看起来挺帅的男孩，有事没事吭吭咳咳，有时还伴随着喉咙里的痰咳声，吐出来的还是绿色痰液，真是恶心到没边了。你会让人不敢靠近。

4. 抽烟的人，一旦不抽烟，就会出现打瞌睡、打呵欠、流眼泪的现象。你想想，一个青春勃发的年轻人，他的魅力应该在哪里？他应该面色红润，孔武有力，精神百倍，意气风发，有使不完的力气和精力。可是你一上场就萎靡不振、眼泪鼻涕齐流、哈欠连天，人家一看你就是个烟鬼，是个病夫！为避免做二手烟民，人家马上就会干脆果断地退避三舍。

5. 经常抽烟的人，由于尼古丁的刺激，会变得冲动、轻率、容易发脾气、情绪控制力比较差，容易吓着别人。人家一看你这个样子，就知道你品位低、活得差、人生不如意。你的人际圈子质量就会越来越差，你会活在社会的最底层，没有任何上升通道。

6. 影响睡眠，易得失眠症。脑补一下那种辗转反侧难以入睡的痛苦，还有第二天早上起床看到的一双熊猫眼，这会不会严重影响到你的颜值呢？会不会吓到你身边的人呢？关键是，你失眠了，你的精神很颓丧，你的心情很沮丧，你整个人都活得很丧，每天就像一具行尸走肉。谁会喜欢你？

7. 抽烟还会使你的骨质变得疏松。吸烟的人的骨头要比不吸烟的人的脆弱。如果吸烟超过10年，骨头内的矿物质密度就会降低，骨密度降低就会容易患骨质疏松症。我给你描述一下骨质疏松的人会有多惨。首先是痛，绵绵密密的若有若无的痛，痛得你牙根痒。你想大叫，这个痛还不至于那么张扬。你想低吟，这个痛又超出了你的承受能力。其次是骨头容易脆，你跑步的时候，跳高的时候，做引体向上的时候，打篮球的时候，稍有不慎，你的腿骨、手骨，咯嘣一声，就脆断了。你就得打着绷带卧床休息，你的形象就遭到了严重的损害。

谁不想活得又酷又炫又飒？谁不想在高光时刻闪亮登场？关键是什么叫酷，你知道吗？

1. 言而有信，说到做到。
2. 说干就干，一干就成。
3. 登高一呼，一呼百应。
4. 遵守规则，自制力强。
5. 想学就学，一学就精。
6. 干脆利索，决不拖拉。
7. 敢爱敢恨，不爱转身。
8. 一身正气，天地可鉴。

关于酷，当然还有很多种解释，但不管哪一种解释，都向人们诠释了同一个道理：那就是酷的人，一定都有积极上进、勤奋靠谱、善良有爱的优秀品质；无论在何时，都能保持初心、拥有正能量。

与其通过抽烟去扮酷，还不如练就上述精神品质。一个人认知高、格局大、视野广、品德好、肯上进……不管穿什么、吃什么、用什么，他都很酷！是那种由内到外、让你不得不服的酷！

我今天所说的并非真理，只是大多数人都认可的人生智慧。抽烟这种行为于己于人确实有害，但它不涉及个人的道德品质。它只是一个不良的生活习惯。并非所有抽烟的人，都会落入我前文描述的风险当中，但抽烟存在巨大风险，已经是毋庸置疑的科学认知了。当你的力量还不足以与这些风险抗衡的时候，我建议你最好远离香烟。

写给爸爸妈妈的话：

> 男生进入青春期，不尝试抽烟的非常少。就连看起来最乖的男生，背地里也很有可能伙同他人躲在某个角落学抽烟。更何况现在电子烟很盛行，又很隐蔽，老师很难发现。男生抽烟的原因当然很多，最主要的还是好奇心作祟，加上同伴怂恿，他们觉得抽烟很酷。我从来不认为抽烟的人存在人品问题，但青少年抽烟，很容易造成人品问题。加上人人都知道抽烟有害健康，作为老师，我肯定不支持男生抽烟，也会引导男生远离香烟。但作为父母，一定要严控孩子们的零花钱，要关注他们的朋友圈，要陪孩子去运动，要告诉他们抽烟的危害，让他们尽可能远离香烟。

14 男孩一定要找到自己的**好兄弟**

> **为友情苦恼的某某 @ 钟老师**：最近我总是与我的兄弟闹矛盾，我觉得他很自私，他觉得我很矫情。我们似乎都有八百个心眼子，但就是看不清谁才是好兄弟。您说该怎么办呢？现在学习压力也很大，我有没有必要在友情方面下一番功夫，为自己找到一个真正的好兄弟呢？

咱们还是先故事后道理吧。故事我讲，道理你悟。

春秋时期，鲍叔牙和管仲二人是好朋友，彼此相知很深。

他们两人曾经合伙做过生意，分利的时候，管仲总要多拿一些。别人都为鲍叔牙鸣不平，鲍叔牙却说："管仲不是贪财，而是他家里穷呀。"管仲几次帮鲍叔牙办事都没办好，而且他三次做官都被撤职，别人都说管仲没有才干。这时，鲍叔牙又出来替管仲说话："这不是管仲没有才干，只是他没有碰上施展才能的机会而已。"更有甚者，管仲曾三次被拉去当兵参加战争，三次都逃跑了。人们讥笑地说他贪生怕死。鲍叔牙再次直言："管仲不是贪生怕死之辈，是他家里有老母亲需要奉养啊。"

后来，鲍叔牙当了齐国公子小白的谋士，管仲却为齐国的公子纠效力。

两位公子在回国继承王位的争夺战中，管仲曾驱车拦截小白、引弓射箭，正中小白的腰带。小白弯腰装死，骗过管仲，日夜驱车抢先赶回国内，继承了王位，他就是齐桓公。公子纠失败被杀，管仲也成了阶下囚。齐桓公登位后，要拜鲍叔牙为相，并欲杀管仲报一箭之仇。鲍叔牙坚决辞掉相国之位，并指出管仲之才远胜于己，他劝说齐桓公不计前嫌，用管仲为相国。齐桓公于是重用管仲。

果然，如鲍叔牙所言，管仲的才华逐渐施展出来，终于使齐桓公成为春秋五霸之一。

管仲与鲍叔牙算不算好兄弟？当然算；不论在哪种境况下都相信你，不论你遇到何种险境都挺你。一个男人，这一辈子如果都没有一两个相知相悉的好兄弟，真是巨大的遗憾。

电视剧《亮剑》中有一个片段，至今令我难忘，那就是李云龙团长营救张营长那个片段。

当有士兵向李团长报告，张营长被鬼子包围了，身为团长的李云龙是如何反应的？他从身边的士兵手上夺过机枪，说："弟兄们，咱们独立团从成立那天起，就没丢下过自己的弟兄。"说完，身先士卒向鬼子冲过去，冒着枪林弹雨把张营长救出来，并且还亲自背着他。张营长要求团长把他放下来，李云龙怎么说的？他说："只要我李云龙在，就不会丢掉一个弟兄。"

李云龙的队伍为何能把鬼子打得嗷嗷叫？他为何敢于亮剑？因为他重情重义、身先士卒，把所有的士兵都当成他的生死兄弟。彼此之间都是生死兄弟了，怎么会不铁了心跟着他干呢？

这个世界上肯定有生死兄弟。但很稀缺，可遇不可求，更多的是什么关系。在教室里，是同学关系；在球场上，是球友关系；在旅途中结识的，是驴友关系；在网络上认识的，是网友关系；一起走路的，我们叫路友；一起吃饭的，叫饭友；住在一起的，叫舍友。人际关系就像一张网，我们都在这张网里穿行，大多数情况，经过我们生命的，都是路人，然后是同伴。只要我们对他人充满善意，总体上是快乐的。但是，一个人，只有泛泛之交是远远不够的。因此，我建议所有男生，都要为自己找到一两个好兄弟——就是那种在你痛苦时，能安慰你；在你绝望时，能拽着你；在你追求时，能理解你；在你失败时，能鼓励你；在你成功时，能祝贺你；在你最危险时，可以将你带出险境。一句话，就是可以随时将后背交托的他们。这样的朋友才算得上是好兄弟，甚至是生死兄弟。

那么，如何才能找到自己的好兄弟呢？始终牢记一句话：人之相交，贵在交品，也就是优秀的品德是最优选。下面我列一份择友清单供大家参考：

善良。这是找到好兄弟的基本条件。对于那种心地不善的人，最正确的做法，就是毫不犹豫地选择远离。

正直。人品方正的人，你有了错误之后，他会真诚地给你指出。

仗义。吝啬、小气的人，你风光时他们会算计你；你遇到困难时，他们会远离你。

上进。一个颓废、负面的人，只会把你带到坑里，怎么可能把你带到希望的彼岸？

具备较高的情绪感受能力。一个看不懂别人情绪、不能感知别人情感的人，他怎么可能去关心别人？

具备上述五点之后，还要考虑彼此之间的三观是否一致、脾性是否相投、性格是否搭调。当然，最重要的一点是，你要真心对人家好，要敢于承担责任、乐意付出，要把对方当自己家人看，而不是利用。

青春期的男生把朋友看得很重。在他们眼里，兄弟感情胜过亲子感情。老师对此表示理解，也不进行评价，只是提醒你们：擦亮眼睛，找到真正的好兄弟。在擦亮眼睛的同时，也要掌握一些"点滴在心"的交往艺术。

王晓春老师有一个观点，大致是：与其说孩子是到学校来读书，还不如说孩子到学校来读同伴。这么说来，孩子最渴望的是友谊，最惧怕的是寂寞。

可是，现在的孩子大多数衣食无忧、成长顺遂、以自我为中心、自以为是，所以人际交往能力非常差。很多男生，即便找到了生命中的好兄弟，由于不懂得如何维护友情，最后也很容易分道扬镳。那么作为男生，该如何维护自己的兄弟情呢？我以为必须遵循的原则是：把兄弟放在心里；然后，点滴在心地对待自己的好兄弟。怎么做才叫点滴在心呢？

第一，不随便否定兄弟的感受。 有的人一听对方表达观点，就会毫不留情地予以否定。比如某某说今天我好冷啊。他马上就会说，哪里冷，这么大太阳。某某说我好困，想睡觉。他马上说，你昨晚睡那么早，今天怎么会困呢？将心比心，如果你把每一种感受表达出来，对方都进行否定，你会怎么想？巴不得离他远一点。正确的做法就是，不管对方表达什么感受，你都要接受，不要急着去判断。你可以建议对方怎么做效果会更好一些，但不必去评价对方感受的对错，因为那个感受是对方的，只有本人才能确定；即使你是兄弟，也不可随意猜测评价。

有个叫小振的男孩，有一次在QQ的说说上写了这样一句话：我好想考进盐田高级中学呀！那所学校的宿舍里可以看到大海。

他的好兄弟小棋在下面留了个言：成绩那么差，你还是回老家挑大粪吧！小振觉得自己被侮辱了，特别生气，就在班级群里叫骂小棋；小棋不甘示弱，用更难听的话回应。两人你来我往，骂了好大一阵，各种糗事黑料都爆了出来，弄得两人都没面子，最后只得绝交。

而另外一个男生却在小振的说说下面留了这样一句话：加油，我也想考这所学校，我们一起为实现梦想去努力！两个原本关系疏离的男孩，最终却成了好朋友。

第二，善于体察兄弟的情绪。 在与兄弟交往的时候，要善于倾听对方说话的内容、感受对方说话的语气、观察对方说话的表情，从中探察到对方情绪背后的意思。比如对方在与你说话时，内容听起来有些丧、语气也很颓废、面部表情还有些哀伤，你就要敏锐地觉察到对方情绪低落，背后必定发生了一些令其痛苦的事情。就算你现在不知道究竟发生了什么事、也不方便追问，最起码你要照顾到对方的情绪，回避喜气洋洋的高谈阔论，心平气和地问对方，需要我帮助吗？

第三，不当众打兄弟的脸面。俗话说"打人不打脸，骂人不揭短"，可偏偏有人不看脸色爱揭短。比如一个男孩兴奋地告诉大家，我这周买了一双新鞋，穿着可帅了。他的兄弟马上说，哦哟，你那双新鞋买的是山寨货吧，别以为我不知道。男孩立马噤声，满脸寒霜，从此兄弟变路人。就算别人买的是山寨货，那又怎么样呢？有句话叫作"莫欺少年穷"，你怎么知道他现在穿山寨货，今后就不能穿限量版的呢？

有一次我儿子在球场上打球，表现特别出彩，为他的团队赢得不少分数。有一个男生很不服，当众说，篮球打得好又怎样？穿的还不是一双山寨鞋。

我儿子极其自信地怼了回去，我就是穿山寨鞋，篮球也比你打得好。我儿子的队友也朝那个男生起哄，你有本事你就上，没本事你就一边儿待着去。

第四，让兄弟成为谈话的主角。小克是一个直率爽朗的男生，但他的人际关系非常糟糕，不论多好的朋友，跟他交往一段时间就会分道扬镳。为什么呢？因为不论在哪里，只要有人说话，他都要抢话，好像就他一个人会说似的。后来，我建议他把话语权让给别人，让别人成为谈话的主角，而自己，默默地倾听；或者是有人说话，别人打断了，立即寻找机会把先前说话的那个人变成谈话的主角。这种点滴在心的爱护，一定会为你自己赢得很多朋友。小克后来照我所教的方法去做，果然赢得了许多朋友。很多男生喜欢把自己变成说话的主角，认为这样很有掌控感，又酷又飒。这其实是一种自欺欺人的感觉，听话的人反而认为你一直霸占话语权、你很霸道、你想控制他们，他们心里一定不服。

第五，把光芒让给兄弟。现在的孩子，独占心理非常强。正是这种心理，让孩子容易失去朋友。小毛是一个学习非常刻苦的孩子，并且热心助人，经常帮助同学解答数学难题。因此期末评优时，小毛的分数最高。他私下对我说，他的分数最高，因此，"三好学生""进步之星""学习积极分子"都想当。我对他说，你把光芒占完了，你周围就暗淡了。你要获得大家的友谊，最好把光芒让一些给别人。他听了我的劝告，非常低调地要了一个"学习积极分子"的称号。结果，他的举动赢得了所有孩子的好感，朋友也越来越多。

男生若能从点滴出发，把话说到别人心窝里，把事做到别人心坎里，就能为自己赢得真心以待的好兄弟。

写给爸爸妈妈的话：

越来越多的孩子进入青春期，心情很压抑，活得很别扭。尤其是男生，由于身体、心智、读写等发育都要比女生晚两到三年，因此各方面都落后于女生。加上现在的课程设置多为静态课程，需要安静、专注、善记才能取得优异成绩；偏偏青春期的男生，专注力、耐受力以及记忆力都比不过女生，因此他们的沮丧感和挫折感都很强。男生需要在动态中学习，需要在与伙伴较劲中才能取得较为理想的成绩。可是，由于互联网的普及、手机的侵入，很多男生宁可沉浸在游戏世界，也不愿意与真人深交。逐渐地，很多男生不善于与人交往，也不愿意与人交往，对手机的依赖远远大于对人的依赖，最后发展到手机成瘾。除此之外，还有一个风险，那就是男生在青春期不善于交往，没有找到自己的好兄弟，他的外部支持系统没有形成，一旦遇到挫折堕入绝境，就很难自救。我作为班主任，特别重视为男生建立朋友圈，帮助他们找到自己的好兄弟。但只有老师的力量是不够的，他们还需要妈妈的爱护、爸爸的指导。只有这样，他们才能在青春期学会正确地交往，才能找到自己的好兄弟。

15 男孩要先成为自己的**英雄**

> **毛小子代表男生 @钟老师**：语文老师让我们读名家散文，我们确实读不进去。我们就喜欢读那些带有英雄主义色彩的文章，读着带劲、爽气。我们也想成为英雄，保家卫国、保护家人。大家让我问问你，怎样才能成为人人羡慕的大英雄呢？

我问过班上那些十来岁的男孩，最喜欢看什么电影？他们说，最喜欢看的电影当然是漫威系列了。具体看了哪些呢？他们如数家珍地告诉我：《钢铁侠》系列、《雷神》系列、《美国队长》系列、《蚁人》系列、《奇异博士》系列、《复仇者联盟》系列、《银河护卫队》系列……除了漫威电影，他们还喜欢美国 DC 漫画公司打造出来的英雄大片，比如《超人》系列、《蝙蝠侠》系列等。

为什么男孩子喜欢看这一类电影呢？因为每一个男孩子内心都住着一个无敌战神，住着一个能够匡扶正义、保卫宇宙和平的大英雄。也就是说，每一个男孩内心都是有英雄情结的。

我继续问男孩，那么你们所理解的英雄是什么意思呢？

就是无所不能，做自己想做的，一做就会，一会就很厉害，别人无法超越。

就是能够保卫国家，保卫世界和平。

就是能够成为某个领域的领袖，能够一呼百应。

就是在必要的时候，为了他人利益，或者国家利益可以牺牲自己的生命。

答案尽管五花八门，还是有一个共同点，那就是英雄都特别强大、无所不能。这就说明，青春期的男孩特别慕强；他们想成为强者，想掌控自己的人生，甚至想掌控这个世界。

那么世人又是怎么定义"英雄"的呢？

英雄一般是指有超出常人的能力的人，他们能够带领人们做出巨大的、对人们有意义的事情，或者他们自己做出了重大的事情。《现代汉语词典》则将"英雄"解释为：非凡出众的人物，指见解、才能超群出众的人。

用男孩们的话说，就是很厉害的人，就是愿意为了他人牺牲自己利益的人。

古今中外，不论神话故事还是民间传说，都有很多关于英雄的事迹。那么这些英雄都有哪些共性呢？有一个叫黄强的大学老师，做了一个研究，他总结出的传说中英雄的共性，我个人还是非常认同的。

1. 有神的血统；
2. 有勇有谋的统帅；
3. 有神的相助；
4. 有宝物的帮助；
5. 文明的使者。

正是因为英雄具有神一样的胆量与力量，有人就说，这是一个众神死亡、英雄不再的时代。我亲爱的男孩们，你们觉得这是真的吗？在和平年代，我们该如何认识和理解英雄呢？而且，在各种诱惑充斥我们周遭的情况下，男孩们该如何成为自己的英雄呢？

首先，扪心自问，你想成为一个什么样的人？想过一种什么样的生活？

这两个问题，建议男孩们用一个月的时间来思考，然后把思考结果写在自己的笔记本上。一个男孩，如果进入青春期还不愿意去思考自己这一生想要成为什么样的人、想过什么样的生活，那真的就是浑浑噩噩虚度光阴了。

比如张桂梅校长，武不能上战场杀敌，文不能写出绝世作品。她只是一个身体羸弱、收入很低的女校长。但她用她的羸弱之身，创办了华坪女子高中，帮助众多云南山区女子走出大山，让那些从未走出山区的女子看到了一个更大的世界，活出了令自己喜欢和骄傲的生活。她很平凡，但她的事迹感动了中国，她是这个太平盛世的大英雄。

男孩们可以根据张桂梅校长的事迹，以此类推，对自己进行一个职业的规划。俗话说，有职业规划叫蓝图，没有职业规划叫拼图。蓝图是宏大系统的，拼图是零碎散乱的。

在此我不妨多言几句，告诉大家如何进行正确的职业规划。

首先是正确认识自己。自己有哪些优势和劣势、有哪些兴趣点和厌恶点，自己的性格怎样、情绪怎样、理想是什么、对哪些职业感兴趣，都要一一搞清楚。

其次就是明确可执行的目标。不仅要有明确的可执行的目标，还要有超强的目标感。唐僧的目标是去西天取经。他目标单一，并且目标感超级强，所以他最终实现了自己的目标。

目标包括远期目标和近期目标，还要把大目标分解为可操作的小目标。目标不能笼统和虚幻，而是要有可量化的指标。比如明确了未来要做一位人民教师的目标，那就要分析人民教师这个职业需要具备哪些条件。

首先，学历要达标，至少是本科学历，研究生学历更佳。

其次，要具备教师资格证。

再次，需要一个健康的身体。

最后，教师的口头表达、书写、与人建立关系等能力都很重要。

为了达成做教师的目标，最先就要从说话、写字开始练习，接着就要学好各门学科，还要加强体育锻炼。只有把一个一个的小目标完成，最后才能达成大目标。

想清楚自己想要成为什么样的人，给自己确定了详细的目标之后，那就必须要拿出执行力。

所谓执行力就是事情想好就要立即去做；只想不做，那是空想，空想的人一辈子都只能站在原地。

青春期的男孩往往想得多，做得少。具体做什么呢？比如积极主动地协助班主任进行班级管理，认真自觉地完成学科老师安排的学习任务，毫无怨言地参与家务劳动。总之，身边的事情、自己的事情，但凡能够推进自己目标达成的事情，都要积极主动地去完成。

青春期男孩若想成为自己的英雄，除完成上述任务之外，还有四个方面，需要特别注意。

1. 要找到适合自己的方法。方向比勤奋重要，方法比方向重要。没有正确的做事方法，不论多么勤奋，效率都很低。

每个人的有效方法都有所不同。比如有些同学早上背书效果最好，有些同学则是在睡前背书效果更好。哪一种方法更适合自己，只有靠自己反复去验证。

2. 敢于向自己开刀。优秀的人都是敢于朝自己开刀的。一个人只有战胜自己人性里的弱点，才能有机会超越自己、成为自己的英雄。

我的学生小锋，原本是一个比较拖拉胆小的男孩，并且性格羞涩，不敢在大庭广众之下发表自己的意见。就是这样一个男孩，初中毕业时，竟然成了人见人爱的开心果，并且一改之前拖拉胆小的陋习，学习成绩也大幅度提升，前后简直判若两人。我问他为何有这样大的变化，他的回答就是，我朝自己开刀了呀，哪里不好我就砍掉哪里，当我把人性里的种种恶战胜了，我就变得更好了。

3. 心胸开阔、大气，少计较，不玻璃心。我从来没见过小气并且还玻璃心的人学业大成、事业大成。作为男生，长大之后，无一例外都要为自己和家庭打拼，所以要习得开阔、大气的品质。

4. 咬牙坚持。这世上没有什么轻而易举就能达成的愿望，所谓的洪荒之力都是咬牙坚持的结果。

有一句话说得好：伟大都是熬出来的。英雄也是咬牙坚持练出来的。一个男孩，只有先成为自己的英雄，才有资格去助人和爱人。

换一个角度说，英雄在成为英雄的前一刻，都是平凡人，但他们一定是优秀的平凡人。那么优秀的平凡人，就一定是心怀大格局、做好小事情的人。一个连小事情都不想做，也做不好的人，没有能力成为自己的英雄，更没有资格成为大家的英雄。

最后，我真诚地建议每一个青春期男孩，要让自己的行动配得上自己的认知，不要眼高手低。认知如大象、行动如蚂蚁的人，永远成不了事，更别说当英雄了。

写给爸爸妈妈的话：

几乎每个青春期男孩心中都潜伏着一个超人梦或者英雄梦，梦想着拯救世界。男孩们天生就有英雄情结、有保护弱者的欲望，但是他们对英雄的理解很肤浅，以为见义勇为、拔刀相助才是英雄，上阵杀敌、保家卫国才是英雄。但是，和平年代，哪有那么多的大路不平？哪有什么战场可上？只想做别人的英雄，那是逞英雄，不是真英雄。唯有先做好自己的英雄，才有资格论英雄。家长们要做的，就是去激发男生的英雄心，做好每一件小事情。他们只有先做好自己的英雄，今后才有望成为推动社会发展、行业进步的英雄。

16 读书，是优秀男孩的标配

我就是我 @钟老师： 我的父母、老师都让我在假期里读名著，读这样读那样。可我觉得，只要把教材读透了，把成绩搞好了，我的任务就算完成了，其余时间就可以打游戏、打球了。但是，我的父母对我特别不满，说我不学无术；老师也说我写的文章肤浅。我可是年级前20名的学生呢，不学无术吗？肤浅吗？

我这么来说吧，如果我当初只读教材，只把分数搞到让父母和老师满意，那我就没有能力来回答你这个问题，更没有可能写出二十来本书。

西塞罗说，地不耕种，再肥沃也长不出果实；人不学习，再聪明也目不识丁。

我说，男孩子不读书，再有力，也是蛮力！再聪明，也是小聪明！

从古到今，读书都是男人走向优秀的必经之路，也是优秀男人的标配。

匡衡，出身农家，祖父、父亲都是农民，但他喜欢读书。他年轻时，家里贫穷，白天给人做雇工来维持生计，晚上才有时间读书，可是家里穷得连灯烛都买不起。邻家灯烛通明，却照不过来。匡衡就在贴着邻家的墙上凿洞"偷"光，让邻家的灯光照射过来，他就捧着书本，在洞前映着光来读书。匡衡由于从小勤奋读书,后来成了一名知识渊博的经学家。

你们生活在最好的时代,不愁吃穿,不愁没有书读,更不愁没有灯光。你们的问题是,没有从书里看到一个更大的世界,所以到底还是一只生活优渥的井蛙。物质上你什么都不缺,你缺的是认知、是开阔的眼界。

孙敬,年少好学,博闻强记,而且视书如命。晚上看书学习常常通宵达旦,邻居们都称他为"闭户先生"。但是读书时间长了,他感到劳累疲倦。他怕影响自己读书,就想出一个很特别的办法。他找了一根绳子,把头发系住,再把绳子牢牢地绑在房梁上。当他读书疲惫打盹时,头一低,绳子就会扯着他的头发,这样就会把他头皮扯痛,他马上就清醒了,然后继续读书。年复一年刻苦学习,孙敬饱读诗书、博学多才,成为一名通晓古今的大学问家,在当时江淮以北颇有名气,常有不远千里的学子,负笈担书来向他求学解疑、讨论学问。

我当然不要求你像孙敬那样读书,我自己也没做过那样的事。但有一点必须要明白,要想成为一个有见识、有格局、有智慧的人,真的只有多读书。

陈平,少时家贫,与哥哥相依为命。为了秉承父命、光耀门庭,他不事生产,闭门读书,却为大嫂所不容。为了消弭兄嫂的矛盾,面对一再羞辱,只有隐忍不发;随着大嫂的变本加厉,终于忍无可忍离家出走。被哥哥追回后,又不计前嫌,阻兄休嫂,在当地传为美谈。终有一老者慕名前来,免费收徒授课。陈平学成后,辅佐刘邦成就了一番霸业。

陈平人再好,但如若没有持续读书,他就不可能辅佐刘邦成就霸业,也不可能被载入史册。

类似于这种热爱读书的古代男子,在历史的长河中,数不胜数。他们通过读书,改变了自己的命运;通过读书,为历史贡献了智慧;通过读书,让后人记住了他们。他们是优秀的男子,是中华民族的脊梁,读书成了他们优秀的标配。

乔治·R.R.马丁在《冰与火之歌》里说过一句话:读书的人可以拥有一千

种不同的人生，不读书的人只能度过他自己的那一生。也就是说，一个男孩，要想成为一个有内涵、有格局、有情怀的优秀之人，他就必须要读书，且勤读不倦！

只有读书，才能让人的心灵安静干净，让人的语言丰富灵动，让人的眼界开阔辽远，让人的认知成熟理性！才能走进岳飞的"八千里路和月"，才能与庄子的"抟扶摇而上者九万里"产生共鸣。

那么青春期男孩，究竟读哪些书比较合宜呢？

首先要遵从语文教师的安排，把语文教材里要求必读的名著通读一遍。

其次要多读一些传记文学，从伟人和名人的成长经历当中吸取成长养分，以激励自己成为更好的人。

再次要读一些社科类作品，以扩大自己的眼界，培养自己的科学精神。

然后还可以读一些简单的心理学作品，了解自己的情绪和心理，对自己进行心理建设。

最后还有一个提醒，那就是还可以读得更为庞杂一些。只要思想健康、三观正确的书，都可以读一读。学生时代尽可能多读一些"无用"之书，也就是人们说的非功利阅读，对开阔眼界、提升认知、丰富经验都特别有好处。一旦工作了，读书就会更功利一些，一般都是缺什么补什么，解决什么问题就读什么书，读的都是针对性很强的书，慢慢地，视野就会变得狭窄。

具体选读哪一本书呢？我觉得大家可以去图书馆相应的区域查找，先看书名，再看目录，觉着自己喜欢，那就读。如果所居之处没有图书馆，可以请老师推荐，也可以上当当网查询。

有一天，当男孩们能够放下手机、捧起书本，安静地、认真地、沉醉地读一本书，那么这个男孩才能称为优秀。因为，读书才是优秀男孩的标配。

写给爸爸妈妈的话：

尽管父母们都知道读书的重要性，也希望自己的孩子热爱读书，可是，很多男孩并不喜欢读书。因此他们的心灵非常干涩，灵魂非常粗糙，认知非常低幼，更为可怕的是，他们对此并无觉知。

那么父母要怎么做才能改变这个现状呢？

首先，父母自己要读书，要在家里营造读书的氛围。父母不读书，儿子还特别喜欢读书，这只是极少数开了天眼的孩子，是老天赏饭吃的那一类人。绝大多数孩子爱读书，都是父母引导、家庭熏陶的结果。

其次，父母要支持孩子读书。孩子要读书，给他安静的空间、充分的时间。孩子要买书，哪怕节衣缩食，也要满足他的愿望。

最后，父母要对孩子读书的行为进行及时的正反馈。也就是说，孩子在读书，父母要看见；孩子读了书有好的变化，父母要及时表扬。

有读书氛围的熏陶，有强大的外部力量支持，还有不断的鼓励，再不喜欢读书的男孩子，都愿意捧书而读。因为书里的世界很大，只要走进去，他的眼界就会开阔、认知就会提升、对读书的态度就会变得积极。

第二卷

女孩，我轻轻对你讲

01 青春期女孩要重视自己的生理期

> **星辰大海 @ 钟老师**：我生理期到了，我肚子好痛，我要请假了。你上一次给我们讲了关于青春期的一些知识，我们都很喜欢。但你没有重点讲女生的生理期知识，所以我们都想问问你，生理期的时候，我们需要注意些什么？

亲爱的女孩们：

这是一个非常敏感的话题。我讲多了，怕引起别人的非议和误解。我若不讲，你们又不能光明正大地去了解。思来想去，我决定以书信的方式，与你们说一番知心话。

首先，我恭喜你们进入了青春期（我国青春期的年龄范围在11~18岁）。青春期意味着你们在生理上长大了并且逐渐走向成熟，同时，也意味着人生的花季来临，一切美好的人生将由此展开。

在这个美好的阶段，你们要应对来自身体上的各种变化，也要应对压力重重的学业，以及逐渐复杂的人际关系。因此，很多原本性格活泼、大胆率性的女孩开始变得多愁善感、郁郁寡欢。甚至还有一些女孩对自己的身体和性别产生了严重的排斥感，认为自己这辈子变成女生简直是倒了八辈子的霉，下辈子一定要变男生。

尤其说到月经，很多女孩子都很避讳，甚至觉得很讨嫌。比如从称呼上来讲，我就没听到哪个女生跟我请假时是大大方方地说"月经"来了，而是扭扭捏捏、躲躲闪闪、欲言又止，直到把所有的娇羞与不安展示完毕，才嗫嚅着说："我，我，那个了。"我有时会明知故问地开玩笑："哪个那个了？"

女生生理期到了，就像流眼泪、打喷嚏一样，正常得不得了。可是，大多数女孩却讳莫如深，一提起这个事就好像做了亏心事，见不得人似的。比如有些女孩子就称自己来月经是"倒霉"了。什么叫"倒霉"？明明是表明自己身体健康的可喜可贺的事，却被女孩们理解为倒霉，这不能不说是对月经的认识走进了误区。

还有称月经诸如"红朋友""老朋友""例假""大姨妈"的。这些称谓之中，我个人最喜欢用"大姨妈"代替之。用其代替的目的并非避免尴尬，而是觉得这个词语充满温馨与亲情，甚至还有关怀。

每一个走进青春期的女孩，都要正确地、科学地认识"大姨妈"，进而重视每月如约而来的"大姨妈"。这样，你才会爱惜自己、保护自己，为自己今后美好的人生储蓄一个健康的身体。因为身体，是我们每个人最大的消费品，如果早期没有存入，今后拿什么支取？

我先给大家讲一个故事。这是一个真实的故事，发生在我曾经任教的农村学校。

有一天晚上，师生们都沉沉入睡了。突然，学校女生公寓传来时高时低、时长时短的哭声，不像一个人在哭泣，而是一群人在凄厉地干号。

哭声吵醒了很多老师（那个时候，老师们都住在学校里）。醒了的老师纷纷披衣起床去女生公寓查看。我也睡意全无（我那个时候负责学校的学生工作），穿好衣服去了女生公寓。这究竟是怎么回事呢？

宿舍里的女生个个用被子捂着头，哭着说鬼进了宿舍。

真有鬼吗？鬼在哪里？她们看到了吗？

在老师们的安慰与盘问之下，胆子稍大的几个女生战战兢兢地掀开被子，从床上下来，走到墙角处，死死低着头，手指却指向墙壁，说："上面有血手印。"我们顺着手指往墙上一看，果然有两个小小的血手印，血手印下面，还有一道血色指痕。

这究竟是怎么回事？血手印和血色指痕怎么会在女生寝室的墙壁上？我心有所动，支开所有的男老师，说："你们什么时候看到这血手印的？"

其中一个女孩用特别肯定的语气说："晚上进宿舍洗漱的时候我都没看到。我记得很清楚，我当时特意看了那个位置，什么都没有。睡了一会，我起床开灯上厕所，一眼就看到了两个血手印。我吓坏了，认为只有鬼才能进我们宿舍拍下血手印。"

"她一声惊叫，说有鬼，我们睡得迷迷糊糊，听说有鬼，也吓得魂飞魄散。胆子小的被吓哭了，随后我们大家都被吓哭了。"一个女孩插话道。

"我问你们哈，你们的妈妈或者是班主任跟你们讲过青春期的月经知识没有？"我温和地问道。

"没有，我们知道一点点。"一些稍大的女生羞涩地说。一些稍小的女生则闭口不言。

问来问去，结果怎么回事？大家猜猜。

原来是一个小女生睡着睡着，突然感觉腿部之间一热，好像流了水出来，就本能地把手伸进去，用手掌一挡。过了一会，她拿出手，对着窗外微弱的光线一看，红红的，她吓着了，不知道自己大腿之间为何会出血。惊吓之中，她六神无主、不知所措，就拿手掌往墙上擦。正好又被另外的女生看到，以为是鬼来了，惊吓之余失声惊呼。结果一人惊呼，大家惊呼，一人说鬼，所有人都认为有鬼，于是通通被吓得大哭。

一个正常的月经，结果弄成闹鬼事件，这不能不说女孩们严重缺乏必要的生理知识，同时也反映出家庭和学校对孩子青春期知识的普及是多么忽略。

健康的、正确的爱，首先要从爱自己的身体开始。作为女孩子，除了要像爱自己的眼睛一样爱惜自己的性器官，还要坦然、平和、喜悦地接纳自己的"大姨妈"。

写给爸爸妈妈的话：

女儿的"大姨妈"，是青春期一个绕不过去的话题。爸爸不好意思对女儿科普这些方面的知识，妈妈就必须要重视。

女孩来月经之前，妈妈就要与女儿开诚布公地沟通，告诉她有月经这么一回事。但不要吓着女孩，说来月经有多麻烦、肚子有多痛、生活有多不方便。而是要充满期待地告诉女儿，这是一件大喜事，意味着女儿长大了，一旦来月经，全家都要给她庆贺。

估摸着女儿要来月经了，妈妈要为女儿做好准备，比如买好卫生巾放着，还要准备一些关于月经的知识。等到女儿真来月经了，要第一时间给予关怀，并且对女儿进行月经知识的科普。

父母充满爱，认真地、用心地对待女儿来月经这件事情，那么女儿就不会在这件事情上反复纠结，以致造成巨大的心理压力。

02 保护自己是青春期女孩的头等大事

> **怕受伤害的女孩 @ 钟老师**：有一次我听了你的课，"做一个有边界感的孩子"，我觉得特别好。我发现我身边很多同学都缺乏身体边界感，也不懂得如何保护自己。我特别想问的问题就是，我们女生该如何保护好自己的身体不受到伤害呢？

我在班上问我的女孩们，进入初中后，什么是你最大的事情？女孩们几乎异口同声地答道，肯定是学习啊！初中的尽头就是中考，考不上高中我怎么办呢？

女孩们的答案有问题吗？自然没有问题，这是她们心里最真实的声音。再说了，现在中考的压力比高考的压力都大，分数就是她们升学的王道，没有好看的分数，确实难以实现她们的梦想。

但如果女孩们的注意力只放在如何提高分数上，她们的生命质量就会大打折扣，甚至还会出现可怕的风险。

因此，我一直要求我的女孩们在努力学习的同时，一定要把保护自己当成人生的头等大事来重视。

大多数女孩都是在父母的保护下长大的，在学校里接受的都是人间美好的正面教育。她们的心思很单纯，对这个世界充满了美好的期待。不论是老师，还是父母，在引导女孩认识人性美、世界美的同时，也要认识人性的恶、世界的黑暗。认识恶、看到黑暗，并不是要让女孩们丧失对人性的美好期待和对这个世界的美好憧憬；而是让女孩规避人生的风险、减小试错的成本、避免无知的后悔，成为一个身心都健康的幸福之人。

人性之美、世人之善、社会之文明富强，学校教育讲得够充分了。在此我就不向女孩们展开了。

我想说的是，不管女孩们相信还是不相信，这个看似美好的世界，就是有丑恶不堪的事情发生，身边就是潜伏着坏人。

一个初一女学生，在宿舍生下一名男婴，由于怕父母责骂、同学鄙视，把婴儿丢在了校园内墙旁，被学校师生发现了。不用我再说，你们都知道该是什么后果了。

女孩弃婴固然错了，那么侵犯她的坏人呢？就算那个恶人最后被绳之以法，留给女孩的创伤能愈合吗？

一个10岁女生在上学路上被侵犯后，在医院昏迷多日，生命垂危，爸爸妈妈悲痛欲绝。

别说女孩的爸爸妈妈悲痛欲绝，就连我这个不相关的人看到这些文字，心都在颤抖。10岁的小女孩啊，正是天真烂漫的时候，她能伤害谁、她又能伤得了谁？为什么她就该被伤害、被毁掉一生？我在这里谴责坏人确实显得很正义，但女孩儿受到严重的伤害，却是难以改变的事实。

因此，教会女生保护自己就是老师和父母的头等大事，也是所有女孩必须重视的头等大事。

女孩们不仅要在思想上重视自我保护这件事，还要掌握保护自己的具体方法。

那么女孩需要做到哪些方面，才能有效地保护好自己呢？

一、保护好自己的身体

1. 每天都要保持身体的干净和干爽。这是基础性的保护措施，女孩们千万别偷懒，一定要做到。

2. 穿宽松的棉质内裤，并且勤洗勤换，身体感到不适一定要告诉妈妈或老师，然后立即就医。千万别认为女孩不会得妇科疾病。我咨询过妇科医生，未成年少女如果不注意个人卫生，也很容易感染霉菌。

女孩们只要做到上述两点，就会是一个健康快乐的阳光女生。请女孩们注意，身上的每一个器官都是你的无价之宝，所以要像爱护自己的眼睛一样去爱护它们。

二、防止坏人性侵害

看过电影《素媛》和《熔炉》的女孩一定会后怕，这世界上怎么有这么恶毒的坏人呢？并且防不胜防、难以觉察。但请大家相信，不论这个世界多么丑恶，一定有美好存在。同时，不论我们身边的人多么美好，在不远处，都有可能潜伏着坏人；地狱空荡荡，恶魔在人间。因此，女孩们既要心向朝阳，又要能看清黑暗，不要让躲在暗处的魑魅魍魉吞噬自己。那么女孩们该如何保护自己不被侵害呢？

1. 不要与陌生男子搭讪，更不要跟他一起离开自己的亲人、朋友、老师。（未必所有的陌生男子都是坏人，但做到这一点，就能规避很多风险。）

2. 不要与异性独处一室。这个异性包括老师、同学、邻居、亲戚、父亲的朋友等。（未必所有的异性都有邪念，但如果做到这一点，风险就不会产生。）

3. 夏天不要穿得太裸露。从道理上来讲，女生有穿衣自由；从法律层面来讲，无论女生怎么穿，都不可以成为被伤害的理由。可生活中，我还是希望大家出于自我保护的目的，不要穿太过暴露的衣服，尤其在人烟稀少的地方，安全很难得到保证。（犯人犯法，自有法律制裁；但因此受到伤害，受害者却很难自我修复。）

4. 不要在晚上到野外溜达，即便有几个朋友一起也最好不去。坏人来了，朋友也未必保护得了你。（危险总是在黑夜降临，当危险来临时，朋友也未必可靠。）

5. 即便是白天，也不要到僻静的荒野之地玩耍。荒僻的地方呼救无门，逃难无方。（很多坏人都选择在荒僻的地方作案。去了荒野之地，未必每次都会遇到风险，但如果遇到一次呢？毁掉的就是一生。）

6. 不要到单身男子，尤其是单身很久的成年男子家串门。（未必所有的单身男子都是坏人，但是"防人之心不可无"，谁都不敢保证对方会不会一念之差犯个错误。）

7. 背心裤衩覆盖的地方不要让人摸。身体界限一定要明确设置，不可以随便让人揽腰、捏大腿、拍屁股。如果对方超越了你设置的身体界限，你就要大声呼救。（设置身体的边界，可以有效地防止性骚扰、规避性侵害。）

8. 即便是熟人，也不要跟他到一个荒僻或者陌生的地方去。80%的性侵案都发生在熟人之间。（熟人之所以能够得手，是因为人的天性当中就相信熟人。）

9. 放学及时回家，如果要滞留学校一定要告知家长，让家长来学校接你回家。上学和放学路上最容易遇到不可预测的伤害。（告知家长自己的行踪，是为了规避风险，不是为了躲避家长的掌控。）

10. 不要跟认识或不认识的男生深夜去酒吧，即便对方是男朋友也不能去。（酒能乱性，很多被性侵的未成年女孩都是轻信对方、跟对方深夜出去玩而招致伤害。）

只要女孩们做到以上 10 点，就能很好地保护自己，不被伤害。请每个女孩一定要把这个事情当作人生大事来对待，不要掉以轻心，要多个心眼，"害人之心不可有，防人之心不可无"。

三、知道未婚怀孕的危害

请大家记住我的一句话：未婚怀孕，尤其是未成年女孩怀孕，无论对你的身体和精神，还是对你的亲人，都是巨大的伤害。所以，请你务必把握好与异性接触的尺度。

四、遇到坏人如何自保？

俗话说"天有不测风云，人有旦夕祸福"，尽管我们做了各种防患工作，万一运气实在太差，还是遭到了坏人，怎么办呢？

周围有人，当然要第一时间大声呼救。

周围无人，在没有力量优势的时候，不要激怒对方，要尝试智慧脱身。脱身之后立即报警，将坏人绳之以法。将此事告诉母亲或者老师，他们比你有处理经验，千万不要一个人闷在心里。

很多老师怯于给青春期女孩讲这些知识。一怕家长误解，遭到指责；二怕网络不良舆论，遭到网暴；三怕女孩害羞，讲的和听的都放不开，很尴尬。但指导她们如何保护自己，是重要又紧急的事情，必须做。我每带一届学生，都会在第一时间给所有女生上课，指导她们如何保护自己。女生们虽然表现得有些羞涩，但听得很认真，警惕性也会随之提高。因此，我带班 30 多年，女生的成长都很顺利，没有谁受到不堪的侵犯。因为，她们懂得了自保，规避了来自他人的伤害。

写给爸爸妈妈的话:

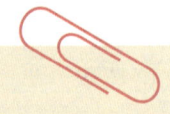

青春期的女孩对这个世界充满了好奇和善意。她们看到的,多半都是世界的美好,这对增强女生对这个世界的依赖与信心有好处。但同时,作为父母,还要引导女孩看到美好世界的阴暗面,学会保护自己,并且把保护自己当作头等大事来重视。这个话题由母亲来与女儿交流更为合适。那么,母亲可以为女儿做些什么呢?

首先,母亲要告诉女孩,人性并非全然光明,但也绝非一片黑暗。社会上确实存在一些不怀好意的人,他们可能利用女孩的单纯和善良来实施侵害。但这并不意味着整个世界都是危险的。母亲要教育女孩保持警惕,但不必过分恐慌。

在日常生活中,母亲要教会女儿辨别是非,不轻信陌生人;遇到可疑情况,要及时向家长、老师或警方求助。同时,母亲要鼓励女儿增强自我保护意识,学会拒绝不合理的要求,勇敢维护自己的权益。

此外,母亲还应告诉女孩一些基本的法律知识,知道哪些行为是违法的,如何在遇到侵害时寻求法律援助。这样,即使遇到危险,女孩也能迅速做出正确的判断,避免受到伤害。

同时,母亲要教育女儿尊重自己,珍惜自己的身体,不要轻易为了迎合他人而放弃自己的底线。母亲要告诉女儿,她的价值不在于外貌、身材或成绩,而在于独特的个性和无限的可能性。

最后,母亲要让女儿知道,家庭永远是她的避风港,无论遇到什么困难,父母都会站在她身边,支持她、保护她。

希望各位父母一定要为自己的女儿筑起一道坚实的保护屏障，让她成长的道路上充满阳光、希望和安全感。

03 青春期女孩如何正确应对男生的捉弄？

潘潘 @ 钟老师：班上男生真的好调皮，他们总是惹恼我们女生，让我们很生气，但我们又不知道怎么解气，不知道怎么应对才好。请问，你有什么高招吗？我们只想与男生和平共处，不想针对他们。

有一天我兴致勃勃地去上课，刚走到教室走廊，就看见一个女生，左手一本书，右手一根棍，气势汹汹地从教室里冲出来，朝着一群男生用力把手上的书和棍掷过去。男孩身子一闪，闪过了横空飞来的"飞镖"，然后就是一阵拍手，一阵"哦，哦"地起哄。女孩呢，打人不着，又被起哄，自是满脸气愤，气咻咻地又徒手冲过去，来了个扫堂腿。男孩身子一跃，女孩一脚踢空，又引起男孩一阵得意的哄笑。

这场面看得我目瞪口呆。自问我青春年少时也是一个强势霸道的女汉子，但没追着男生干过架。为什么现在的女孩就这么虎虎生威呢？

如果只看表面现象，问题当然出在女孩身上，但经过深入调查才知道，造成这出闹剧的罪魁祸首还是男生。我与青春期孩子打了30多年交道，非常了解青春期孩子的心理特点。多数刚进入青春期的男孩在家里都是闷葫芦，跟父母多说一句话都觉得累；在学校里却很喜欢表达，很多时候由于心智不成熟乱表达。个别女孩子在学校看起来很斯文，但要是有男生惹着她们了，发起飙来也是很可怕的。

那个左手拿书、右手拿棍的女生，名字叫熊英，于是男生就给她取了个绰号叫"秃鹰"，并且还在本子上画了一只没毛的老鹰。只要一看见熊英，他们便高举着那个画了无毛老鹰的本子，齐声叫道："秃鹰、秃鹰！"虽然没有明说，但大家都心知肚明秃鹰所指是谁。熊英被这个绰号气得方寸大乱，于是大发脾气、强悍出手，引得其他男孩在一旁起哄。熊英被众男生嘲笑后更加生气，一气就变成了刁蛮公主。

熊英的遭遇我感同身受！我在青春期时，因为身材矮胖，脸盘圆润，被男生取了难听的绰号。每次男生看到我出现，就会远远地叫我的绰号。我想骂他们，他们听不着；想打他们，又追不着。有时他们还会在拐角地儿叫我的绰号，等我反应过来循声望去，他们又缩回角落去了。我都不知道是谁在搞恶作剧，想发火都找不到人，只有气咻咻地站在原地凌乱。

有位作家说，这个世界没有男人是不堪设想的。但是，女生不了解男生、不懂得如何应对那些调皮男生的捉弄也是不堪设想的。我做学生时，没有一个老师告诉过我男生究竟是一种什么样的生物；女孩子该如何做，才能与男生和平共处。由于我在与男生交往的过程中吃过亏、上过当、受过气，所以我一定要告诉女孩们，让她们"知己知彼，百战不殆"；只有懂得男生的心理，才能与他们和平共处。那么，男生的心理变化究竟是一个怎样的过程呢？

1. 6岁以前，男孩性别意识不强、男女不分，跟女孩一起玩耍，心中毫无芥蒂。

2. 6~9岁，男孩已经形成初步的性别意识，但跟女孩子还处在两小无猜的阶段，男孩和女孩在一起玩得很开心。

3. 9~12岁，男孩已经完全接受了自己的性别，知道男女有别。这个时候，他们对女孩充满了好奇，开始与女生保持距离。

4. 12~14岁，男孩已经进入青春期，他们渴望与女生近距离相处，但又不知道怎么相处，于是就喜欢搞恶作剧来逗女孩。

　　从主观上来讲，男孩内心是没有恶意的，他们搞这些恶作剧，无非就是想引起女生的注意。

　　面对小男孩的恶作剧，女孩们既要正确应对男孩的捉弄，又要不让自己颜面尽失。那么可以怎么做呢？

　　第一招：以静制动。男孩本来就比女孩好动，要想他们成为乖乖男，那不是要"灭"了他们吗？你要"灭"了他们，他们就会反抗。既然天性如此，为何不顺乎天性呢？他们疯狂，女孩就安静，静观其变。

　　也就是不论男生怎么说、怎么跳、怎么猖狂，女生都要做到纹丝不动。那份内心的宁静，非常有力量！

　　有些男生脸皮特别厚，你越是不理他们，他们越是来劲，怎么办？退避三舍、敬而远之。我惹不了你，还躲不了你吗？

　　第二招：以柔克刚。从古到今，"以柔克刚"都是百战百胜的战术。当男生恃强的时候，女生不妨示弱。除了个别性格怪僻的男孩外，男孩们都有一种天生的同情心，所以，他们看见女孩子示弱了，就会滋生保护之心，决不会恃强凌弱的。有女生说，有些男生不懂得爱护女生，你越是柔弱，他们越是欺负，怎么办？提出警告，出示王牌。这个王牌，就是你们的班规。请你们记得，用规则来要求别人，是最得当的一种方法。

　　第三招：保持矜持。在男生面前，越是出格的女孩，越容易遭到男生的捉弄。相反，庄重、严肃、大气的女孩，反而会赢得最调皮的男生的尊重。不信，大家可以去观察，班上一定有女生不会受到男生的捉弄。

　　第四招：保持距离。有这样一句话，距离产生美，也会产生敬畏。建议女孩子不要和男生走得太近。近距离的接触很容易暴露你的缺点或者说软肋。由于男生的心理发育比女生要晚两年左右，所以，他们还不懂得为别人守护秘密。有些男生很容易把你和他之间的秘密拿去炫耀，到时弄得灰头土脸的就是你了。有一个女孩子经常与旁边的男生笔聊，把嘴里说的、心里想的，通通告诉了男生。结果，男生白天在教室里与女生笔聊，晚上回到宿舍就大开卧谈会，把女孩子所有的秘密都倾倒了出来。后来，谣言满天飞，弄得这个女孩子很没面子。

第五招：不闻不睹。左耳进，右耳出；睁一只眼，闭一只眼。只要大家对男生的调皮行为做到熟视无睹，就可以规避男孩的捉弄。

第六招：保持良好心态。别太在意男生的捉弄。也就是我们平常说的，我不理你，看你怎么着。当你不在乎了，他还能拿你怎么样呢？有句名言说"快乐不是拥有得多，而是计较得少"。

其实，大多数的男生捉弄女孩子都是好奇心在作祟，或者是童心使然，没有什么恶意。这时候，如果你以一颗理解、谅解的心来对待，会觉得那些小男生其实是蛮可爱的！但如果男孩的捉弄涉及侮辱或侵犯，就必须严厉制止。

写给爸爸妈妈的话：

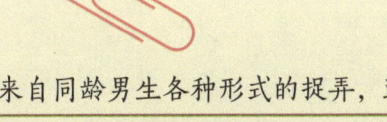

青春期女孩面临着来自同龄男生各种形式的捉弄，这是成长过程中的一大挑战。作为父母，不仅要关注孩子的学业成绩，更要教会女孩如何理性应对这些捉弄，保护自己的尊严和权益。

首先，父母要告诉女孩保持稳定情绪的重要性。面对男生的捉弄，女孩往往容易感到愤怒、尴尬或伤心。但情绪失控只会让事情变得更糟。父母应该教导女孩学会冷静分析，不被情绪左右；当遇到捉弄时，深呼吸、短暂地离开现场，或者与信任的朋友倾诉，都是有效的情绪调节方法。

其次，父母要引导女孩学会准确应对男生的捉弄。这并不意味着要女孩忍气吞声，而是要教会她们用智慧和策略来应对。例如当男孩的捉弄无伤大雅时，女孩可以选择忽视，或者用幽默的方式回应，展示自己的自信和从容。如果男生的捉弄涉及侮辱或侵犯，女孩应该勇敢站出来，用坚定的语气表达自己的不满，让对方明白自己的行为是不被接受的。

最后，父母要给予女孩足够的支持和鼓励。面对男生的捉弄，女孩可能会感到无助和困惑。这时，父母要站在她的身边，给予她勇气和信心；告诉她，无论遇到什么困难，都会有办法去应对和解决。父母的鼓励和支持，是女孩成长过程中最坚实的后盾。

04 青春期女孩如何化解容貌焦虑？

小胖妞 @ 钟老师： 从小到大，我爷爷奶奶、爸爸妈妈都对我说，想吃什么就说，我们去买。我的胃口被养大了，嘴巴也管不住了。小学时，我比较胖，大家都说我可爱。可是到了初中，我的胖竟然成了一些男生嘴里的"丑"，甚至还有男生背后说"恶心"。虽然我的老师帮我出了气，把男生骂了一顿，但我从此就很没自信。每次揽镜自照的时候，我都很讨厌自己。老师，我是接纳我的胖呢，还是赶紧减肥呢？

我曾经教过的女学生小彤，读到八年级结束，无论如何都不愿意跟着我再上九年级了。

我劝她，初中就一年了，好歹读完，拿一个毕业证，证明自己至少完成了义务教育。

我还求她，你一定要来读书啊，你知道我不是一个以分数论英雄的老师啊。只要你来读书，不管读到哪种程度，我都不会责怪你。你若不来上学，我怎么面对你的父母，怎么面对未来的你？

我甚至还吓唬她，接受九年义务教育，既是你的权利，同时也是你的义务，你连初中毕业证都拿不到,这个社会怎么可能给你好好生活的机会?

但不管我说什么都没用,小彤最终得到父母允许,离开了我的班级,去了一所职校读计算机专业。

事后,小彤妈妈,以及班上其他女生告诉我:小彤嫌自己长得胖、很自卑,每天都不开心,整个人都快抑郁了。

小彤妈妈还特地向我表示歉意,说她从小没有注意培养女儿的饮食习惯,导致女儿暴饮暴食,体重在同龄人中居高不下。小学的时候小彤对自己的肥胖无所谓;上了初中后,慢慢地就不能接受自己的肥胖,可是减肥又特别不容易。小彤先是不开心,慢慢地也不跟同学接触,再后来就有抑郁倾向了,甚至晚上还会出现幻听的情况。

为了女儿的健康,小彤妈妈不得不同意女儿放弃初三、放弃中考,转而去读职校,希望女儿可以有更多的时间去锻炼和减肥。

后来我陪一个女生去青春期特诊科治疗,我才从专业医生那里知道,小彤有严重的容貌焦虑。医生还告诉我,青春期的孩子对自己的体重、容貌特别在意,尤其是女生;哪怕脸上一颗小小的青春痘,都会令她们极其痛苦。更何况小彤还是个大胖妞,这让她如何在同伴当中找到自信呢?

从那个时候开始,我就特别地重视女生的体重管理。女生管理好自己的体重,是为了身体更健康;管理好自己的身材,是为了让自己心情更愉悦,与他人无关。

可我每次接手初一新班级时,女生的表现都令我大吃一惊,那就是很多女生很贪吃,零食吃得不停嘴。所谓"民以食为天",青春期女生吃点零食,我非常理解。可是,很多女生喜欢吃麻辣小零食等色素特别多的垃圾食品,喜欢喝奶茶。开始,女生们偷偷躲在学校的角落吃零食;看我没有干涉,就大着胆子把零食带到教室来吃;再然后是当我面吃得吧唧吧唧的,甚至还拿零食"贿赂"我;更有甚者还故意躲在我背后,趁我扭头时朝我哈臭气,把我熏得差点背气,然后坏笑着问我:老师,味道如何?

这些女生看我没吱声，以为获得了我的默许，越发放肆了，吃后剩下的包装袋到处扔。那种从包装袋里散发出来的由酸、辣、腥等组成的味道弥漫在空气里。我每天进教室，都要收一大袋垃圾。关键还不在这里，我最担心那些身材纤细的女生管不住嘴，变成了大胖妞，然后自卑、沉沦、放弃成长。当然，也有不少女孩子，怎么吃都长不胖，她们天生体质特别，有口福。但如果放任不管的话，大多数女生都有变胖的风险。

作为一个女老师，我决不愿意我的学生人为地把自己变成一个胖子。因此我首先要刹住这股乱吃零食的歪风。怎么刹？直接阻止肯定效果不好。思来想去，面对一群聪明的女生，我打算从反向角度来说说吃零食的害处，考考她们是否冰雪聪明、是否一点就透。

我说，女孩们，看你们天天都在尽情地吃零食，我也没怎么责怪的。为什么呢？因为吃零食有七大好处啊，容我悉数道来，保管你们心服口服：

1. 为医院创收。多吃零食容易引起胃肠病，生病当然得去医院。医院白进吗？它可不是慈善机构。去的次数多了，医院的收入就高了。

2. 激励父母努力工作。吃零食增加家庭负担，父母为赚足家用，只好拼命工作，这种激励机制值得其他行业参考借鉴。

3. 解决了闲散人员的岗位。吃零食的人越多，零食店开得越多，那些闲散人员自然找到了工作岗位，真是功德无量啊。

4. 永远年轻。零食吃得越多，健康损坏得越严重、寿命越短，当然永远年轻了。

5. 可以演乞丐。从小开始吃零食，营养不良，长大后脸色菜青，演乞丐就不用化妆了。

6. 可以梦回唐朝。唐朝以胖为美，长胖了也没有关系，做个梦，穿越回到唐朝，你就是盛唐第一美。届时，那些伟大诗人都会为你吟诗作赋。

7. 可以防小偷。特别是你吃了那些怪味零食，你向小偷一哈气，小偷顿时被你熏得七荤八素，哪里还知道伸手偷东西呀。

女孩们听我说完，笑得前仰后合，说，老师啊，你这哪里是什么七大好处，分明就是七宗罪嘛。

看女孩们笑得热烈，我也忍不住笑了，说，既然是七宗罪，那我问你们，你们当下最怕哪一宗罪呢？

女孩们异口同声，当然是最怕长胖呀。

这个答案能够在情感上引起我的共鸣。因为我读初中的时候也长得很胖，还被男生取了好几个难听的绰号，搞得我整个初中阶段，心情都特别灰暗。我的青春期过得苦涩而尴尬，很大程度上是因为我很胖。我不希望我的女学生也遭遇和我一样的心灵痛苦。

我那个年代长得胖，自然不是因为吃零食，而是因为主食吃得多，是面食和米饭将我发酵成胖子的。

现在的女孩们并不喜欢吃主食，但她们很喜欢吃零食。吃零食最大的弊端就是影响健康，容易长胖。那么吃哪些零食容易长胖呢？

绝大多数零食吃了都容易长胖，其中最容易长胖的有这些零食：

薯条、薯片。吃起来口感香脆，越吃越想吃，有种停不下来的感觉。但这类食品是通过油炸的方式制作出来的，制作过程中会吸收大量的油脂，热量和饱和脂肪含量都极高。有测定发现，大部分所售薯片中油脂的含量约30%，也就是说约三分之一是油脂，吃下去肥胖必定来找你。

烤肠。烤肠非常美味，但热量很高，吃烤肠非常容易长胖。这类食物在加工的过程中，加入的调料比较多，而且很油腻。

瓜子。有女生说，如果在家里一边看电视一边嗑瓜子，她可以在家里宅一天。但是瓜子含有很多脂肪，属于高热量食物，加工后的瓜子热量会比较高，闲暇时经常嗑瓜子，很容易长肉。

奶油蛋糕。甜奶油蛋糕上面那层奶油，吸引了无数爱吃甜食的人。它的卡路里可不是开玩笑的，吃下一小块奶油蛋糕，你需要花大约一个小时的锻炼来燃烧掉它的卡路里。经常吃，你就会变成脸如面盆、腰如水桶的胖姑娘。

巧克力。很多女生都喜欢吃甜食，特别是巧克力，吃起来非常美味。但巧克力是一种高热量的食品，非常容易让人发胖。

奶茶。奶茶里面含有的糖分非常多。糖类物质进入到机体之后，有一部分可以分解成血糖，这部分糖一般不会导致肥胖。还有一部分糖可能储存为糖原，也不会导致肥胖。但是糖原有可能经过生化作用转变为脂肪物质，此时就会导致肥胖。医生坚决地说，喝奶茶一定会长胖。

辣条。辣条的主要原料是面粉，还添加各种调味料、色素、防腐剂、添加剂等制作而成。辣条都是采用多油浸泡或者油炸的方式加工而成，所以吃辣条会长胖。

特别提醒：喝可乐不一定会长胖，但是很伤牙。少量吃辣条也不会长胖，但是容易造成肠胃疾病。

一个青春期女孩，该有的青春活力都没有了。

当然，如果你实在想吃零食想得慌，也不是一点都不能吃。你可以选择一些没有怪味，吃了又不容易长胖的零食来吃。比如：

蓝莓干，它含有丰富的维生素 C，一定程度上可以抑制脂肪生成。

黑巧克力，它具有加速身体新陈代谢的作用，对瘦身有一定的作用。

海苔，它属于低热量食物，吃它不易长胖；但是含碘量太多，晚上最好不要食用，以免引起水肿现象。

全麦纤维饼，它可以有效地增加胃肠蠕动，帮助消化，不易长胖。

还有诸如香蕉、番茄、花生等，可以有效地分解脂肪，也不容易长胖。

身体是你自己的，你要为它负责。我要真诚地建议每一个女孩，管住自己的嘴，与有害零食说再见。女孩们管住自己的嘴巴、管理好自己的体重、塑好自己的身材，不是"女为悦己者容"，而是好好爱自己，让自己有一个健康的身体，从而化解容貌焦虑，活出热辣滚烫的人生。

写给爸爸妈妈的话：

青春期是女孩们身体和心理发生巨大变化的时期，也是她们最容易受到外界影响、产生焦虑和压力的时期。在这个阶段，如何引导女孩们健康吃零食、管理体重，并化解容貌焦虑，是每位父母都需要面对的挑战。那么父母需要怎么应对这些挑战呢？

一、树立正确的饮食观念。父母要引导女孩理解，零食并非洪水猛兽，而是饮食生活的一部分。选择零食时，应关注其营养价值和热量含量，而非单纯追求口感。鼓励她们选择低糖、低脂、高纤维的零食，如水果、坚果、酸奶等，既能满足口腹之欲，又有益于身体健康。

二、培养良好的饮食习惯。父母要教导女孩学会适量吃零食，避免暴饮暴食。零食可以作为两餐之间的补充，但不应替代正餐。同时，要鼓励她们细嚼慢咽，享受食物带来的愉悦感，而不是机械地进食。

三、制订合理的体重管理计划。父母应与女孩一起制订一个合理的体重管理计划，包括合理的饮食和适量的运动。要让她明白，健康的体重并非一蹴而就，而是需要长期的努力和坚持。同时，要避免过度追求瘦身，以免对身体造成损害。

四、增强自信，化解容貌焦虑。父母要告诉女孩，每个人都有自己独特的美丽之处，不必过分追求外貌上的完美。要鼓励她关注自己的内在品质和才华，培养自信心和自尊心。

引导青春期女孩健康吃零食、管理好体重、化解容貌焦虑，需要父母的耐心和智慧。父母要帮助女孩度过这个充满挑战的时期，让女孩成为健康、自信、快乐的人。

05 青春期女孩如何保护自己的皮肤？

> **小靖靖 @ 钟老师**：我代表全体女生问问你，为何学校不允许女生化妆？我们爱美不可以吗？我们化妆遮盖皮肤瑕疵不行吗？

我读中学时，总嫌自己的皮肤黝黑粗糙，于是就买来3块5一瓶的磨砂洗面奶，天天早晚在脸上磨来磨去。功夫不负有心人，皮肤真的细腻了很多。但也随之带来了不适感，那就是皮肤的角质层遭到了严重破坏，皮肤变得很薄，抵抗力下降，一经太阳照射，或者粉尘围剿，我的粉脸就会过敏，发痒发红，又难受又丑陋。经过长期的不懈努力，我终于亲手把健康的皮肤糟蹋成过敏性皮肤，真是得不偿失啊。

身体所给出的真相都会告诉我们：青春期女生化妆一定是弊大于利。

我先来说说女生化妆的利在哪。

第一，化妆有利于提升颜值。毋庸置疑，化妆之后，皮肤白净，气色红润，眉目如画，唇红齿白，看起来确实很养眼。

第二，化妆有利于增强自信心。黑皮肤变白了，糙脸蛋变细了，单眼皮变双了，小眼睛变大了，脸上的坑洼也被遮瑕膏填平了，惨白的嘴唇变得生机盎然了……所有的瑕疵都被遮住了，能不自信吗？

我在正式场合，比如作为发言人在大庭广众之下发言，或者参加一些重量级的比赛，也会化个淡妆。这确实会提高我的自信心。

第三，有利于吸引他人目光。化了妆的脸，自然比素面朝天的脸更精致。人都是爱美的生物，这是天性。

我若素面朝天去上班，同事们见面也就是随意打个招呼。我若是化了美妆去上班，同事们一定会惊呼：呀，你今天真美呀，真好看呀，颜值上升了三四个档次。

第四，有利于表现自己与众不同的特点。别人都素面朝天，唯我浓妆艳抹。别人长的都是一张芸芸众生的脸，唯我化出了一张与众不同的脸。我跟别人不一样，我很独特，我很酷，我很可爱。这不是现在年轻人心心念念想要追求的吗？化个妆就追求到了，成本不算高啊。

除了这四个利好外，我实在找不出其他妙处了。接下来，让我来谈谈中小学女生化妆的弊端。

1. **伤皮肤**。为了使人的面部呈现出较好的效果，生产商就会在化妆品中加入大量激素，长期使用就会形成激素脸。所谓激素脸就是皮肤角质层越来越薄，特别敏感，滋生出红血丝，还经常过敏。尤其是价钱便宜的劣质化妆品，对皮肤伤害最严重。劣质的化妆品中，汞、铅等重金属的含量一般都超标，化妆容易使它们通过皮肤渗入身体，对器官和血液循环系统都有一定的危害。

2. **费钱财**。化个精致的妆容，岂止需要一支口红！面霜、打底霜、遮瑕膏、腮红、粉底、爽肤水、精华液等，还需要各种化妆的小工具。关键是，你目前所花的每一分钱，都是父母的血汗钱。你无节制地乱花这个钱，是对父母的不体贴、不尊重。

3. **坏风气**。中小学生的三观还没定型，认知水平还有待提升，判断力还不强，很容易产生从众心理、盲目跟风。这一点我可是亲眼所见。在我担任教学的那个班级，两个女生每天把嘴巴涂得绯红，煞是吓人。过了几天，就有三四个女生画了大红唇；再过了几天，就连我做班主任的这个班级，也有两个女生也不思学习、热衷化妆了。我惊觉女生对于化妆的渴望已经超过对自身成长的渴望，于是赶紧以同学身份与她们讨论涂口红的利与弊，才算把我班上那些烈焰红唇"擦干净"。没有主见、盲目跟风，是青春期学生群体的一大特点，一定要避免这种不好的风气蔓延。

4. 耗精力。既然要化妆，那就一定会耗费不少时间和精力。怎样才能买到物美价廉的化妆品需要花心思，如何才能把自己化得美也需要动心思。鲁迅先生说过，一个人的精力是有限的，这方面考虑多了，其他方面必然就考虑少了。作为学生，外表美固然重要，但如果没有实力打底，这个美就是个海市蜃楼、容易幻灭。

5. 惹麻烦。妆是化在自己脸上，怎么会惹麻烦呢？首先，学校明文要求，不支持女学生化妆，你偏要化妆，德育处领导会不会找你说事？

6. 毁气质。一个人的气质并非由涂口红、描眼影来决定，主要还是由从内到外散发出来的气韵来决定。淡妆确实可以起到锦上添花的作用，浓妆则会毁坏气质。

除了上述弊端之外，也存在不少女生被化妆品带偏的事。有些女生为得到一套化妆品而不择手段。2017年7月底，深圳大学一罗姓女学生去香港购物，突然失联，朋友、家长、学校各方寻找，事后才知道她竟然因偷窃化妆品被香港警察抓了。这个女学生当年9月份就该读硕士了，因为偷窃，前途尽毁。

我说这么多，并非想要表达女学生就应该与化妆绝缘，只要心灵美就可以了，不用追求外在美。而是说青春期女生管理自己的皮肤很有必要。那么具体如何管理呢？

1. 每天一定要清洗面部，尤其睡前一定要清洗。购买洗面奶时一定要看说明，要选择适合青春期女孩使用的洗面奶。青春期女孩生命力旺盛、汗腺发达，容易分泌油脂。如果不保持皮肤洁净、毛孔通畅，就很容易长粉刺或痘痘。

2. 洁面之后可以敷补水面膜。敷面膜建议三天一次，或一周一次。洁面后，擦干水分，就可以敷面膜了；一般敷 15 ~ 20 分钟即可；敷完后再洁面。注意，只敷补水面膜，不需要搞得五花八门、费钱又伤脸。

3. 睡前洁面后，令脸部干爽，再用爽肤水轻拍面部，一定要拍匀，使之完全吸收。最后抹一层乳液，以达到润泽皮肤的功效。如果洗脸后敷面膜，那么敷面膜之后也要完成这个养护流程。

4. 早上起床的护理参照第 3 条。如果要出门，建议涂层防晒霜。

5. 如果长有粉刺或痘痘，千万别自己对着镜子针挑手挤，而是要去医院问诊；同时自己还要忌口，辛辣腥膻之物不要吃。

青春期女孩只要对皮肤做到上述基础护理，就足以给皮肤留一个健康的底子了。等你有能力购买高档化妆品，又有机会去学习高超的化妆技术，并且还有时间和精力去打理自己时，你所追求的艳冠群芳、光芒万丈，就不是梦想！你不用再对着镜子问：魔镜，魔镜，谁最美？你可以信心百倍地告诉自己答案：我最美。

写给爸爸妈妈的话：

女生进入青春期后，有个问题令班主任特别头疼，那就是不少女生会变着法地化妆，并且屡禁不止。咱们首先要厘清一个原则问题，那就是中小学女生能不能化妆。不论是从法律层面来讲，还是从道德层面来说，都没有明文规定说中小学女生不可以化妆。这就说明，中小学女生在化妆这个事上是自由的。既然如此，为什么家长和老师都不支持女学生化妆呢？很多学校甚至明文规定不允许女学生化妆，一旦违规就会受到惩戒。我是个很有同理心的班主任，也不支持女生在青春期化妆，说实在话，非常伤皮肤，并且浪费时间。

我建议母亲们把健康的审美观，以及皮肤的护理方法教给女儿。那么母亲可以从哪些方面给女儿支招呢？

青春期女孩的皮肤特点主要表现为油脂分泌旺盛、毛孔粗大、易生痘痘等。因此，母亲们需要指导女儿采取以下科学、有效的皮肤护理措施：

1. 清洁：选择适合青春期女孩肤质的洁面产品，早晚各一次，温和清洁皮肤上的污垢和油脂，避免毛孔堵塞。

2. 控油：使用控油爽肤水，能够有效调节皮肤油脂分泌，使肌肤保持清爽。

3. 防晒：青春期女孩的皮肤更为敏感，容易受到紫外线伤害，因此每天出门前都要涂抹防晒霜。

4. 饮食调理：鼓励女儿多吃富含维生素的水果和蔬菜；避免过多摄入油炸、辛辣食物，这些食物往往会加重皮肤问题。

5. 规律作息：保证充足的睡眠时间，让皮肤和身体得到充分的休息和修复。

6. 心理调适：青春期的女孩常因皮肤问题产生自卑和焦虑情绪，母亲们要给予她们足够的关心和支持，帮助她们建立自信。

7. 避免盲目跟风：不盲目使用各种网红产品或跟风做皮肤护理，每个人的肤质不同，适合自己的才是最好的。

母亲要时刻提醒女儿，皮肤护理不是一蹴而就的，它需要持之以恒。只有养成良好的护肤习惯，才能拥有健康、美丽的皮肤。同时，母亲也要鼓励女儿自信地面对青春期的各种挑战，因为她是独一无二的，值得被爱和尊重。

06 青春期女孩如何才能交到**好朋友**?

> **春华秋实@钟老师**：我们女生进了初中，就很想交几个闺蜜。但我总是被闺蜜背叛，我现在都没有信心交友了，想孤独终老了。老师，你觉得我还能交到好朋友吗？究竟怎样才能交到高质量的朋友呢？

张爱玲和炎樱，她们曾经是一对形影不离的好朋友，两人心有灵犀，在精神层面互通，能相互理解、彼此欣赏。

可是，这样一对精神高度契合的好朋友，最终还是逃不过渐行渐远的命运。究竟为何呢？

看了这个故事，我估摸着很多女孩都会很伤心：我拿出百分之百的真心，你却与我渐行渐远，并且还背叛我。然后仰天长叹，发出灵魂拷问：这世间哪有什么珍贵的友情？一切都是假的。

那么这世间究竟有没有真正的友情呢？一定有！

我有一个好姐妹，是几十年的交情了。她过得好，我为她开心；我过得好，她也为我高兴。我们俩人平时各忙各的，电话都很少打。但我若遇到困难，她一定会第一时间伸出援助之手。她若遇到了麻烦，我也会毫不犹豫地出手相助。

这个世间存在"复杂性、多变性、不确定性以及所有可能性"。也就是说，不论我们遇到的好朋友带给我们多少伤害，这个世界仍有很多好朋友之间存在铁杆友情。你遭到了好友的背叛，不等于别人遇到的都是损友。

那么，怎样才能交到真正的好朋友呢？

1. 选一个你能真心愿意对她好的人，不可以有利用之心。以心换心、以情交情，即便是好朋友，也是要互相付出的。不付真心，难得真情。

2. 能包容对方性格上的缺陷。既然要结为好朋友，就要在一起相处。这个世界上没有谁有义务去容忍别人的任性与刁蛮，但也没有谁有资格去强迫人家改正。

3. 不嫉妒对方所取得的成就，不强占对方所拥有的财富。对方在危难之时一定要伸出援助之手。好朋友陷入困境，要竭力相助。如果对方有懈怠，还要带动对方积极成长。

以上三条交友原则是对自己的硬性要求，一定要坚持。你若能做到，就一定能交到真心的好朋友。

除了对自己要有硬性要求，对备选的好朋友也要有坚定不移的硬性指标。如下：

1. 对方人品要好。人品是衡量一个人是否可以做朋友的第一标准。人品不好，其他方面再好都要一票否决；与这样的人交往，早晚都会分道扬镳，而且风险性特别大。

2. 对方性格要大气，能体谅人。与性格大气的人交往，特别畅快爽气，不用随时猜测对方的心思，轻松愉快。与一个小气多疑且不依不饶的女生做好朋友，生活质量要多差有多差。她会成为你的人间地狱，远离是拯救自己的最优选择。

3. 对方嘴巴紧，能守得住秘密。好朋友就是一起分享秘密的好姐妹。对方嘴巴紧，交往风险小，也不会给自己惹麻烦。若对方是个大嘴巴，记得一定要远离；否则，你所有的芝麻绿豆的事情，都会被传得沸沸扬扬。

4. 对方很仗义，乐意帮助人。 豪侠仗义、乐于助人的朋友，当你有困难时，一定会毫不犹豫地帮助你。缺乏助人意识的人，不是冷漠，就是自私，跟这样的女生做好朋友会很心累。

5. 对方要有上进心。 一个有上进心的朋友，必然会推动你的成长，对你产生积极的影响。相反，缺乏上进心的朋友，也很容易把你拖到烂泥里。

上述五条标准是对好朋友的硬性指标，一定要坚守。选择好朋友，宁缺毋滥。我能交到几个关系特别好的铁杆朋友，完全就是按上述标准来择友的。

除此之外，我还想给女孩们提些中肯的建议，那就是：

首先，好朋友之间不论多么情深，都必须亲密有间。 也就是好朋友之间的交往，必须遵循五条不可逾越的界线。

第一，人品本身就是一条界线。但凡存在赌博、吸毒、欺骗、强占、嫉妒、偷盗等问题的人，不论与其多么投机搭调，一律将其排除出自己的朋友圈，更要把他们从自己的好友名单中删除。这样的人，不管你对他们多好，他们都会因为心灵变态而伤害你；并且谁对他们好，他们就伤害谁。

第二，好朋友借钱必须有上限。再好的朋友找你借钱，都要弄清楚对方借钱所为何来。如果借的是救命钱，只要拿得出，都应该借；人命重于泰山，决不能见死不救。同时，也要考虑到自己的实际能力，也就是说把钱借给人家，自己还能正常生活。当然还要预设到可能发生的不良后果，那就是借钱的人要么没有能力偿还，要么借故不还，钱借出去最后收不回。打官司追讨吧，耗时费力，更要添钱。因此，借钱时，要在数额上设置上限，根据自己的实际情况确定能承受的金额，也就是说，万一对方没有能力偿还，也能承受得了。很多好朋友的感情走向破裂，都跟借钱有关。因此，朋友之间根据实际情况，做好成本评估，理性谈钱很重要。比如我的好朋友找我借钱，上限就是3000，能还最好，还不了我就当送她了，权当花钱买个教训，今后也不会再与她结交。

第三，决不将好朋友领回家长时间吃住。偶尔邀请好朋友到家做客，是人之常情；将朋友邀请到家长时间吃住，则是不妥。真正聪明有能力、独立且自主的女生，决不会长时间住在朋友家。真正理性智慧的女生，也不会轻易把好朋友领回家长期居住。如果真要帮助落魄的好朋友，请她在外面吃饭，帮她在外面租房子，再帮她找工作，让她自食其力、自我管理，这才是人之大善。

第四，涉及自身与家庭的隐私，决不与好朋友分享。这不是信任不信任的问题，而是边界问题。个人的隐私个人收藏，告诉好朋友其实也是增加人家的负担。尤其是那种说出来就可能丢人现眼、身败名裂的隐私，不论多信任的好朋友，都要对其守口如瓶。人是会变的，谁能确保一辈子不与好朋友产生矛盾呢？谁又能确保不与好朋友存在利益之争呢？谁又能保证你的好朋友永远都是一个心智成熟、大气开阔的人呢？

第五，我还想说的是，有好朋友固然会令我们的感情世界更饱满，没有好朋友也不会孤独至死，毕竟人生有太多有意义的事情需要我们去做。所以，在找好朋友这件事上，宁缺毋滥。在与好朋友相处这个问题上，必须画出既保全自己也能保全好朋友的边界来。

其次，遭到好朋友背叛要及时止损，不可犹豫不决、藕断丝连。不念过往，才能不惧未来，也才有更美好的未来。

第一，立即止损并且远离。不管你以前在好朋友那里投入了多少时间、多少金钱，都不要惋惜，要果断放弃这段塑料情。哪怕对方向你认错、道歉、痛哭流涕，你也不要再继续这段关系。你可以选择沉默、选择原谅，但你一定要坚决地选择远离。只有远离，才能活出高质量的自己。按照"人以群分"的择友原则，你就能交到高质量的好朋友。

第二，正本清源，杜绝吃瓜群众骚扰。在一些班风不良的班级，某人要是遭到好朋友背叛，一些事不关己的吃瓜群众就像打了鸡血一样无比亢奋，他们会以各种形式骚扰受害者。这个时候，受害者千万不要采取鸵鸟政策，你越是躲闪，吃瓜群众就越要给你制造好大一个瓜。此时最有力的还击就是勇敢地站出来澄清事实，告诉大家，那不过是某人的人为加工而已。大家信则傻，不信则聪，随你；反正我"心中无冷病，哪怕吃西瓜"，所有的恶意都可以冲我来，我接着，我不怕。这样的还击方式简直帅得不要不要的。人，只有勇敢地维护自己的尊严，才能赢得尊严。对于那些挑事的吃瓜群众，我历来主张主动出击，断绝他们的妄念。如果自己气场不够强大，胆气不够豪迈，那就借助班主任或者家长的力量来解决。记住哦，作为未成年人，不论老师还是家长，都有对其实施保护的责任。

打扫好战场后，就要反思为何会交到背叛自己的朋友，自己的交友标准存在怎样的漏洞，自己识人的水平在哪个级别。把这些问题捋顺后，就要打开自己的智慧仓库，用心地交一两个靠谱的好朋友。你始终要牢记：惩戒背叛你的好朋友的最好办法就是交到高配置的好朋友。具体的方法我已经悉心传授，只要你擦亮眼睛、用心寻找、再认真经营，就一定能找到好朋友。

写给爸爸妈妈的话：

我在很多场合说过，学生一旦进入青春期，人际观就会发生变化，在他们看来，朋辈关系必须大于亲子关系，生生关系一定大于师生关系。尤其是青春期女生，对好朋友的依赖超过对母亲的依赖。她们会花很多时间去寻找好朋友，还会花很多时间去经营与好朋友的关系。但是，她们全心投入，未必能收获纯真的友情。相反，不少女生还会被好朋友伤得很深，由此产生一些极端的想法和做法，认为世间再无真情，从此游戏人间、伤害他人。那么世间究竟有没有靠谱的友情呢？当然有啊。关键是，觅得什么样的人来做自己的

133

好朋友很重要。父母的责任是什么？不是女儿在被好朋友伤害之后，摆出一副先知的嘴脸说，我叫你不要跟这种女生交往，你不信，这下吃亏了吧。也不是一味堵住女儿寻找好朋友的通道，自以为是地把女儿保护起来，这不符合女孩对同性友情的内在需求。父母真正要做的，是给予女孩理性的指导，教给她们识别优质好朋友的方法，以及与好朋友相处的正确之道。

首先，鼓励女儿主动敞开心扉。真诚是建立友谊的基石，女孩应该学会主动与他人分享自己的想法和感受。通过表达内心的想法，她才能够吸引那些同样愿意倾听和理解的朋友。同时，也要教育女儿尊重他人的隐私，不要过分打探或泄露朋友的私人信息。

其次，引导女儿学会倾听。一个好朋友不仅要善于表达自己，还要懂得倾听他人的心声。父母可以教女儿在交友过程中，多关注对方的需求和感受，给予朋友支持和鼓励。通过倾听，女孩才能够建立更深层次的情感联系，增进彼此之间的信任。

再次，父母还要教育女儿注重共同兴趣。共同的兴趣爱好是拉近人与人之间距离的有效手段。父母可以鼓励女儿参加各类兴趣小组或社团活动，结识志同道合的朋友。在这些共同的兴趣爱好中，女孩们可以互相学习、成长，共同创造美好的回忆。

最后，父母要提醒女儿保持独立和自信。虽然友谊重要，但女孩也要学会保持自己的独立性和自信心。父母要教育女儿在交友过程中，既要依赖朋友的支持，也要保持自己的独立思考和自主行动能力。同时，要鼓励女儿相信自己的价值，不要为了迎合他人而牺牲自己的原则和尊严。

07 女孩如何才能把自己变得更**精致**?

> **可爱小龙女 @钟老师**：我特别羡慕那些精致的女性，看见她们我就心生向往。我妈妈总说我很邋遢，我身边也有不少邋遢的女同学。我们都想把自己变得更精致一点，可我们不知道怎样做才能更精致。老师，你有好方法吗？

我曾经读过杨澜女士的一篇文章，题目是《没有人愿意透过你邋遢的外表去了解你的内在》。大意是讲杨澜在英国找工作面试时，因穿着随便被面试官拒绝；她的房东莎琳娜也是一个非常苛刻的中年女人，对她有各种要求。杨澜一气之下冲进咖啡馆，却看到一个比莎琳娜更精致的老太太，坐在她对面优雅地喝着咖啡。杨澜顿时觉得自己活得特别邋遢，既是对别人的不尊重，也是对自己的不尊重。自那以后，杨澜不管出入哪种场合，都把自己打扮得特别精致。

读完这篇文章，我就想起我读初中时那副形象：寸头，深蓝色布衣非常肥大，肥腿裤子，并且有破洞。我的这身装备，确实令当时之人诟病，也令现在的我汗颜。建议每个女孩都上网把杨澜女士这篇文章搜出来，然后精读一遍，读完后思考下面四个问题。分别是：

1. 杨澜为何遭到面试官的拒绝？

2. 房东莎琳娜真的是一位很苛刻的中年女人吗？

3. 杨澜妈妈说，能力才是最重要的，可拥有高能力的杨澜为何屡遭失败呢？

4. 杨澜在咖啡店遇到的老太太教会了她什么？

说实话，这几个问题的答案并不难找。我的女学生很快就从文本中找到了令人满意的答案，并且还有女生高度概括地说，杨澜女士写这篇文章，无非就是告诫所有的女性：你必须把自己变得精致，才能活得有尊严。

那么，如何才能让自己变得更精致呢？

第一，养成读书的习惯。这是变精致的必备武器。每个月都要省些钱来买书。买书的时候一定要买有收藏价值的书，能在图书馆借的书不必买。准备一个精美的笔记本，读到有价值的东西可以记一记。

我上中学时，买了很多的笔记本，都是用来做读书笔记的。我还给每个笔记本取了名字，比如浪花细沙、深山采矿、书海拾贝、春花秋实……虽然我那个时候在穿着上面不精致，但我热爱读书，有丰富的知识积淀。这为我后来变得精致奠定了基础。

第二，一定要有储蓄意识。一个月的钱不可以花完（即便零花钱很少也要有这个意识），必须预算一笔资金进行储蓄以备不时之需。精致的女人决不会把自己搞得手忙脚乱走投无路，她一定会给自己留一条退路，待她盔甲长矛丢失时以防受伤。

我特别不赞同女生这样的行为，就是一次性把自己一周的零花钱花光，然后再找其他同学借钱。这种没有储蓄意识、不给自己留退路的做法，很容易把自己置入风险之中。一个经常处在风险之中的女性，谈何精致？

第三，保持对高品位电影的兴趣。电影是综合艺术的体现，静下心来欣赏，就会提升审美的品位。有些电影可以去电影院看，比如喜剧片。有些电影只需待在家里一个人静静地看，比如那些获得奥斯卡奖的文艺大片。有些可以邀朋携友去看，比如声势浩大的英雄大片。总之，电影是提高个人品位很好的途径。有空看看电影，好过刷短视频。

第四，找到自己的爱好。 一个女生如果没有健康的爱好，是很没情调的，也是极其无聊无味的。插花、养花、陶艺、乐器、绘画、唱歌、跳舞、运动、旅游……只要喜欢，只要父母给予经济的支持，那就找一样大胆地一头扎下去吧。

第五，护肤也很必要。 很多人都有个谬论：青春期的女生，正是花一样的年龄，护什么肤啊？我这里所说的护肤，当然不是不计成本地在脸上堆砌化妆品，而是要用适合女生年龄、肤质的无刺激的润肤品，以保证自己的脸部不缺水，让皮肤得到合理调养，从而少长或不长粉刺以及青春痘。具体怎么护肤，书中前文已讲，不在此赘述。

第六，管理好自己的体重。 有人曾经很刻薄地说过一句话：你连自己的体重都管理不好，还能做得成什么事情？没错，这话听起来很刻薄，但实际上很有道理。管理体重其实是一个人意志力的体现。当然，也不排除有些人的体重超标跟意志力无关，而是跟遗传或者体质有关系。我这里所说的，只限于身体和心理都处于正常指标的女生人群。

第七，管好自己的嘴。 民以食为天，但不是什么食物都可以吃。青春期的女生，要远离垃圾食品，诸如辣条等。建议吃清淡一些的食物，多吃蔬菜。

第八，培养自己的社交能力。 这个世界上只有极少数人能与孤独相拥，能离群独居。绝大多数人都喜欢待在滚滚红尘之中。如果你确定自己是一个喜欢群居的人，那么你必须学会适度的社交。你得有自己的圈子，在你孤独时有一帮可以慰藉你心灵的伙伴；在你贫困时，有一帮慷慨解囊的朋友。

第九，穿着打扮要得体。 在学校，统一要求穿校服。样式、颜色都没得挑，但你至少在尺寸上要挑选适合自己身材的衣服。寒暑假，可以按自己的喜好穿衣。衣裤怎么搭配才好看、配饰如何选择才合适，可以咨询自己的母亲，也可以咨询店员，还可以上网查询；当然，也可以凭借自己的直觉。总之，颜色清新素雅、款式优雅别致，适合自己的肤色和身材以及气质即可。太夸张、太另类、太鲜艳、太暴露，都不适合青春期女生。只要你每次都留心、用心、走心，品位就会慢慢地提升。

第十，管理好自己的情绪。一个精致的女性，必然是大气平和的。那种凡事都跟你急，啥事都要歇斯底里的女性，真的很可怕。亲人无可选择，只能忍受其情绪，他人是没有义务来忍受的。因此，修炼成一个情绪稳定、心态阳光的女子极为重要。怎么才能做到呢？多读书啊。你去当当网上一查，就会发现不少管理情绪、调整心态的书，你只要按照书上的方法做，假以时日，就能对自己的情绪掌控自如。

第十一，远离那些充满负能量的人。长期处在一个负能量爆棚的场里，生命场也会负能量爆棚。如此，再根据吸引力法则，生命场就只能吸引那些"牛鬼蛇神"。这些人掺杂在你的生命里，给你负面的影响，生命中的贵人就很难出现。

第十二，懂得适度的舍弃。人性都是有贪欲的，恨不得所有好东西都是自己的。但我们必须记得一句话，月圆则亏，太满则失。好处都被你一个人占完了，请问别人还有什么？生态被你破坏，你还有立足之地吗？不论是名誉，还是物质，都要适可而止，懂得谦让和舍弃。唯有这样，你才能心生欢喜、一生平安。

第十三，重视细节，注意审美。很多时候，我们会把大事做得完美无缺，却输在一些小事上。比如头发油腻，头屑乱飞；嘴角翻沫，齿间嵌菜；指甲不修，体味横飞。你想想，你面对这样一个女生时，即便你对她再有好感，这个好感度能持续多久？

一句话，渴望精致的女孩，只要认真把上面13条变成行动，你就可以变成精致的女孩。受人欢迎，被人欣赏，你会变得越来越自信。

写给爸爸妈妈的话：

　　我读书的时候，我妈以及我的老师，经常在我耳边叮咛：外表美有什么用？能吃吗？能换东西吗？只要心灵美就可以了。以我当时的认知水平，我认为我妈以及老师说的都很正确。我妈说，留长发梳起来费时费力，于是我毅然决然地去理发店剪了个男式运动头。方便倒是方便了，可我常常被误认为男生，整出了不少尴尬事。

　　正是因为我有这样的经历，我就不想我教的女生"因为追求心灵美，而忽略了自己的外表"。我会不遗余力地教导我的女学生如何才能变得更精致。同时，我也希望女生的妈妈，对女儿进行精心指导，把女儿变成一个精致的女性，从而变得自信大方、活力满满。具体怎么指导呢？

　　1. 培养内在美。精致不仅仅是外表的华丽，更在于内在的修养和气质。父母应该鼓励女孩多读书、多学习，培养广泛的兴趣爱好，提升自己的知识水平和文化素养。通过内在的充实，女孩们会散发出一种独特的魅力，这种魅力是任何外在装饰都无法替代的。

　　2. 树立健康的审美观。父母应该引导女孩树立健康的审美观，明白美是多元化的，不应该被单一的审美标准所束缚。每个人的外貌都是独特的，应该珍惜自己的独特之处，不必盲目追求所谓的"标准美"。同时，也要教育女孩尊重他人的外貌，不歧视、不嘲笑他人的不足。

　　3. 注重仪表仪态。虽然我不主张过分强调外表，但基本的仪表仪态对于一个人的形象至关重要。父母可以教导女孩如何穿着得体、整洁大方，如何在不同的场合选择适当的服装和配饰。同时，也要注意培养女孩的仪态，让她们学会如何自信地站立、行走和端坐，展现出优雅大方的气质。

4.保持积极心态。心态决定一个人的精神状态和生活质量。父母应该鼓励女孩保持积极的心态，面对挫折和困难时保持乐观和坚强。一个内心充满阳光的女孩，无论走到哪里都会散发出温暖的光芒，这种光芒是精致生活的重要组成部分。

08 女孩要为自己的善良设置底线

> **心善的小公主 @钟老师：** 我自问我是一个特别善良的人，从没想过、也没做过害人的事情，但我总是被欺负。我心中确实不忿，但又不知道问题在哪里、如何改变这种现状。我还发现我们班上好多老实女孩都容易被欺负，为什么老老实实做人还会被别人欺负呢？

有一部电影，我想推荐给青春期的女孩们看，就是《盲山》。

我知道，这部电影，青春期女孩们不太喜欢看，觉得离自己的生活比较远。我特地安排我的女学生们看了这部电影，看完之后，请她们写出自己的观后感。

我读了女生们的观影感，大多数女生都对电影中被欺负的白雪梅表达了同情，也表达了她们对欺负者的愤怒。这种情绪释放当然是正常的。但我及时把女生从这种愤愤不平的情绪里拽出来，理性分析原因之后，告诉她们要为自己设置底线、亮出锋芒。下面是一位女生写的观影感，我摘录出来以飨读者。

有一部叫作《盲山》的电影，讲女大学生白雪梅急着找工作，于是被骗，被一对谎称收中草药的男女以 7000 块钱卖到"西北某偏僻山区"一个农民家里做媳妇。

白雪梅进村后被"丈夫"黄德贵强奸，并且被他关在屋里。白雪梅稍有反抗就会遭到毒打、谩骂。白雪梅不断寻找机会逃跑，但是这个封闭的山村中没有一个人愿意帮助她这个外来人。他们反而帮助黄德贵对她严加看管。她每次逃跑都被抓回来，当众毒打。村民们的自私和冷漠，当地官员和警察的渎职行为使她在那里孤立无援，过着地狱般的日子，生不如死。

我点评完女生们的观影感后，说，被拐的白雪梅是善良的人、是好人之中的好人，为何就没有得到好报呢？

那是因为她的善良里没有锋芒，在坏人看来，她就是好欺负。美国心理学家莱斯·巴巴内尔说，善良的人怕敌意，所以才会用不拒绝来获得他人的认可。

当然，还有一种所谓的善良其实就是无知。在上海迪士尼，一个 8 岁的小男孩，不知是有意还是无意，碰到了一个女生的屁股。女生说了小男孩几句，男孩的妈妈就炸了："碰到了就碰到了，你屁股没给人摸过啊？""你有被害妄想症吧？长那样有人要摸你啊？"不光飙脏话，手也没闲着，拿起帽子就往姑娘脸上扇，对着姑娘又推又扯。大多数人看到这条新闻，都在指责这位妈妈没素质、不懂教育孩子。

可是有些自称善良的网友却说："一个 8 岁小孩摸了就摸了，8 岁懂什么，顶多是调皮打招呼的一种方式。"还有一些网友说："迪士尼那么多人排队，磕磕碰碰也正常，地铁上天天都能发生几次这种事情。讲到底没有公主命还要犯公主病，社会不会惯着你的。"

这些网友未必是真善良，他们若碰到这样的事，说不定会暴跳如雷不依不饶。所以女生们一定要分清楚假善良和真无知，把自己的锋芒淬炼锋利以备后用。

2015年，德国评选年度恶词。排名第一的恶词居然是：好人。

那些善良泛滥却是非不分、认知水平低下、无法站在别人的立场上思考问题的人，有时候比坏人更可怕。哈耶克说："当善良失去原则的时候，可能比恶还恶。"

请所有的女孩一定要牢记并践行：你的善良必须带有锋芒。具体做法如下：

第一，如果你身边的人，包括至亲爱人做了你不能接受的事情，你必须义正词严地告诉对方：我不接受。不要怕得罪人，对方在损害你时，已经把你得罪了，对方都不在意，你有什么放不开的呢？

第二，你身边的人，包括陌生人，对你提出非分要求，你要大声说"不"。比如明知你手头很紧，还要找你借钱，并且借钱又不是为了救急，你就要明确地告诉对方：抱歉，我手头没钱，帮不了你的忙。

第三，身边的人侵犯了你的权益，践踏了你的尊严，你必须通过正当的手段拿回来，必要时上法庭也在所不惜。比如有些人利用你的善良单纯欺负你，你要反抗并且告诉老师和父母，让他吃不了兜着走。还比如，你身边的人厉声呵斥你，剥夺你的话语权，你要严正警告对方：你可以不满意我说话的内容，但你必须尊重我说话的权利。

第四，当你身边的人，包括陌生人，向你求助，并要你离开大众视线，你要果断拒绝。这世界可求助的渠道很多，凭什么要向一个未成年人求助呢？我不干，你找成年人吧。

第五，当突如其来的馅饼砸中你时，你要保持清醒的头脑，这个世界上没有不劳而获、不期而遇的免费午餐。有网友说要带你去吃大餐，或者给你买衣服、买手机，他并非你父母，凭什么给你买这买那？他给了你想要的，必然要你给他想要的，女孩要有警惕之心。

第六，不惹事，但也不要怕事。恶人只欺负愚笨懦弱的人，你比他聪明，比他强硬，比他有底线，他就会悄然远遁。你要是胆小怕事，逆来顺受，那他就吃定你了。

第七，对暴力要有零容忍的态度。有些人在向别人施加暴力后，会掉下鳄鱼的眼泪，各种下跪、道歉、求饶、说好话，无所不用其极。你只要选择容忍，那么暴力很有可能就会第二次、第三次朝你席卷过来。

第八，要多读书多思考，学会判断与选择。罗素说，理性若不存在，善良就毫无意义。这个世界有美意，也有恶意；能遇到美意，还是恶意，与你的判断和选择紧密相关。

善良，是为人的底线。如果一个人把善良都弄丢了，那么也就等于失去了做人的根本。不过，善良要是没有原则、没有底线、没有锋芒，这样的滥好人跟坏人也没什么区别。

除上述内容外，我还希望所有青春期女孩：无论在何时，都要保住自己的底牌。

第一，必须要保有健康的身体。 有句可谓说烂了的俗语："身体是革命的本钱。"话虽陈旧，但意义永远与时俱进。一个女孩子，没有健康的身体，根本无法承受学习以及步入职场之后的种种压力。因此，女孩子为了自己能有一个健康的身体，一定要积极运动、合理用餐，用心用脑保护好自己的身心。

第二，必须要保有善良的品质。 一个女孩，缺乏了善良的秉性，那么她休想获得美好的生活。

第三，必须要保有坚强的毅力。 很多事情，想起来很美，但做起来很苦，很多人因此放弃，人生也就半途而废。我觉得，青春期的女生，难免会任性、会骄横，甚至会走一些弯路，但这些都不要紧。《爱丽丝梦游仙境2》中的女主角爱丽丝，为了帮助病入膏肓的好朋友疯帽子，在白皇后的帮助下，通过大时钟内部的时空传送仪回到过去。在不同的时间点，她遇到了之前的朋友和敌人，在那里她必须与时间对抗，在时间耗尽之前拯救疯帽子。最终她成功救得疯帽子的亲人并使疯帽子恢复正常。如果爱丽丝没有一颗强大的心，没有坚强的毅力，根本走不完那场冒险之旅，也根本帮不了她挚爱的朋友。当然，也挽救不了她自己。

第四，必须要保有强烈的学习欲望。 一个人，不论取得多大的成就，只要学习欲望消失，那么成长也就停止。反过来，哪怕你现在处于谷底，只要你的学习欲望一直保持着，总有一天，你会找到适合你的事情，一学就会、一会就成。我有很多这样的女学生，她们在读书时，并不特别出色，但她们始终保持着学习新事物的欲望，对生活充满着好奇心。毕业步入社会后，有的成了美容行业顶尖的绣眉大师傅；有的学了珠宝鉴定，成为珠宝鉴定业的翘楚；有的学了西点制作，自己开了精致又浪漫的西点屋；有的掌握了火锅配料秘诀，开了火锅店，生意好到爆……类似事例很多。她们只是不善于读教材，不适应应试教育。她们读书时成绩虽然不理想，但始终保持着旺盛的学习欲望，这是她们后来成功的秘诀。

亲爱的女孩们，不论什么时候，也不管遇到什么挫折、走了什么弯道，这都不要紧。只要保住了自己的底牌，总有一天，你会过上自己想要的人生。

写给爸爸妈妈的话：

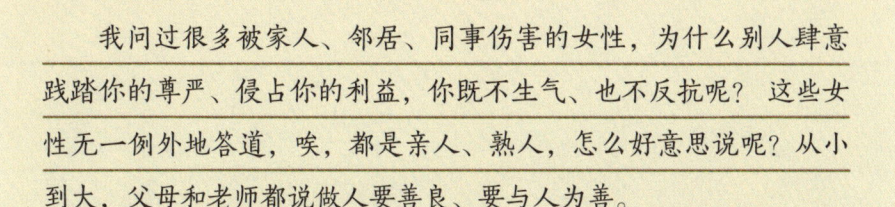

我问过很多被家人、邻居、同事伤害的女性，为什么别人肆意践踏你的尊严、侵占你的利益，你既不生气、也不反抗呢？这些女性无一例外地答道，唉，都是亲人、熟人，怎么好意思说呢？从小到大，父母和老师都说做人要善良、要与人为善。

没错，做人确实要有善心，有善行。关键是，怎么为善，颇有讲究。不然，悲惨的命运就会来亲吻你。我时常教导我的女学生，要善解人意、体谅他人、要有同理心。但是，我也教导她们设置底线，在保持善良的同时也露出自己的锋芒。这样教出来的女生，今后她们在家庭和职场中才不会被欺负，也不会去欺负人。那么我希望女孩的父母，也要结合社会现实，引导女儿行善，对他人永葆善意；但同时，也要为自己的善良设置底线，受到伤害时要敢于亮剑，敢于为自己争取该有的权益。那么，父母如何引导女儿为自己的善良设置底线呢？

1. 培养女儿的自我意识。鼓励女儿反思自己的行为，并认识到自己的感受和需求同样重要。这有助于她在保持善良的同时，不忽视自己的权益。

2. 教会女儿辨识不当行为。父母应教导女儿如何辨识他人的不当行为，如欺凌、操纵或利用善良等。让孩子明白，善良并不意味着要容忍这些行为。

3. 教会女儿说"不"。教女儿学会在必要时说"不"，并为此提供实践机会，这有助于她建立自信，明白拒绝不合理要求是自己的权利。

4. 保持同理心。尽管要设置底线，但父母也要教导女儿保持同理心。善良并不意味着无条件的牺牲，而是在理解和尊重自己的基础上，对他人表示关怀和支持。

09 做个有**智慧**的女孩

> **卤蛋女孩@钟老师**：我一直有个疑惑，我成绩很不错，在班上名列前茅，但我妈妈总说我智商有余、智慧不足，今后进入社会也未必有优势。我就一直在琢磨，智慧是什么呢？我要怎样才能成为一个有智慧的女孩呢？

什么是智慧？单从词义来讲，是指迅速地正确认识、判断和发明、创造事物的能力。也可以理解为：明白宇宙人生的真理，清除人生的烦恼困惑，帮别人解惑去忧。爱默生说过，智慧的可靠标志就是能够在平凡中发现奇迹。一般来讲，智慧属于后天修炼而成，因此不管你的智力水平高低，只要愿意去明心见事、不断修炼，都能获得智慧。

我与青春期女孩近距离接触了 30 多年，经常会看到众多女生罹患"青春病"，有时"病入膏肓"却不自知，令人痛心疾首；等到某天"久病成良医"时，早已错过了最美好的年华，悔之晚矣。

那么女孩们究竟有没有既可以纵情享受美好的青春，又能高歌猛进、一路开花的成长路径呢？当然有。那就是把自己修炼成智慧女生。一个女生，只有拥有了智慧，才可能掌控自己的人生。关键是，女生未成年，阅历和经历都很欠缺，怎么才能修炼出人生智慧呢？这当然就要靠父母的言传身教了。

智慧必定是与理性相生相伴的。那种只凭借感觉行事、不做长远打算、不懂得分析取舍的人，不可能掌控自己的人生。那么，女生们如何才能修炼出智慧呢？下面我提供十条修炼策略，抛砖引玉，希望能对大家有所帮助。

第一，未成年时，不要轻易去爱一个人。 爱情是奢侈品，不是所有的人都配拥有。在思想、人格、经济都还不独立的情况下，是没有能力匹配这件奢侈品的。最好是将这件奢侈品收藏起来，等到有一天，你有足够的能力匹配这件奢侈品时，再拿出来也不迟。爱是甜蜜的，同时也是沉重的。你还没学会爱、还没明白爱的真谛时，不要听任多巴胺的摆布，轻易地把爱交给一个不合适的人。

第二，书是女人最好的化妆品。 学生时代，读书与不读书，真的看不出差别，因为都有逼人的青春。30来岁，读书与不读书，差异也不大，毕竟还很年轻。但是，请注意，40岁的女人，读书与不读书，不论是面相还是言行，抑或是由内到外散发出来的气质，差异都很大。不读书的女人，无论怎么装扮，都装不出优雅的气质。所以，什么都可以不买，唯独书要买。学习、工作之余，什么都可以不做，唯独要读书。你只有读书，才会成为一个知性、优雅、有气质的女子。

第三，永远不要放弃学习。 这个学习包括在学校里对课本知识的学习和各种提升自己生活技能与品位的学习。只有学习才会让人成长和独立。不断地成长，你的精神世界才会丰富，你才会有自己的事业、才会有经济来源。只有经济独立了，人格才会独立。否则，你将会是一株依附在大树上的菟丝草，只能仰人鼻息、忍气吞声、终生苟且。

第四，拥有独立的精神世界。 不要为别人而活，不要依赖别人，这个世界上只有自己才是自己的靠山。任何人都成不了你的天空，只有自己才是自己精神的主宰者。一个没有健康爱好和远大目标的人，就像寄生物一样，只能由寄主来决定命运。因此，每个女生都应培养自己的健康爱好、开辟自己的精神空间、修建自己的精神房间。这样，你才会散发出无穷的魅力。

其实，这个世界上没有人喜欢那种太黏人的人。开始也许会耐着性子又哄又逗的，但久则生厌，厌则远离。还有就是太累，累就想求解脱。因此，黏得越紧，失去得越快。所以每个人都应该有自己的精神世界。只有把精神世界打理好了，你才会吸引别人。

第五，不要把你的秘密全部告诉你的朋友。 伤害你的人，往往是离你最近的人。不是对朋友不信任，而是要懂得尺度。因为伤害有无意的和故意的，很多时候，你的朋友还未成熟到能够为你保守一个秘密的程度。这个时候，无意伤害在所难免。人家伤害了你，还摆出一张无辜的脸，说，我不是故意的。你何以自处？想撕了对方，人家不是故意的；想放过对方，自己心中又意难平。

第六，活得洒脱一点。 所谓洒脱，也就是拿得起放得下。这个世界上，没有谁少了谁不能活。所以，活着，就好好活，把自己的生命变成奔跑的姿态，快意人生，潇洒人生，无悔今生。比如金庸笔下的黄蓉，心思机敏、机智无双、古灵精怪、静若处子、动如脱兔，把傻傻的郭靖迷得死心塌地。

第七，活得大度一点。 小气的女生往往会吓退朋友。因为没有人愿意长期不休地来哄你，很累的。再说了，小肚鸡肠的女生，容不下别人的优秀，看不惯别人的成功。总之，这样的女生每天被嫉妒、恼恨、抱怨裹挟着，久而久之，她就变成了孤家寡人。

第八，拔掉身上那些伤人的刺。 一个人，身上有点刺，未尝不是好事。但如果全身都是刺，那就太可怕了。任性、刁蛮的女生，只会伤害爱她的人，因为不爱她的人都会离她远远的。所以，拔掉身上那些伤人的刺，你的亲和力就增强了。当然，留几根刺防身是很必要的。

第九，学会规划你的人生。 人不可糊涂，因为人生不长，不能重来，每天都是现场直播，没有机会彩排，所以一定要规划好，让你生命的每个时段都活得很精彩。比如现在，你们正是青春韶华、生命勃发的时候，应该用心做好储备。如果你正忙着恋爱，依次顺推，每一个生命阶段，你都在提前预支你的人生，直到有一天，你不得不透支，那么，你的生命之门就变成一条狭窄的通道。所以，每一个阶段要达成什么目标，心中要有个数，然后，还要追问自己，达成这些目标需要做哪些准备；心中了然后，就要及时行动。

第十，重视你的家人。 家人是用血缘和感情来维系的，所谓"打断骨头连着筋"。因此，任何时候，你都不可以抛弃你的家人。不论在何时，你受伤了，遭遇挫折了，你的家人都会毫不犹豫地站在你的背后，成为你最有力的屏障。因此，别跟家人计较什么理；爱他们，珍惜他们即可。因为，这份爱是没得选择的，你必须去爱。反过来，你的家人也没得选择地爱你。

一个人，并非天生就有智慧，多数是后天修炼而来的。因此，生活中你所看到的每一个人，所经历的每一件事，这其中都有智慧存在。只要你善于观察，善于思考，善于分析，善于取舍，有长远的目光，有远大的理想，有理性的头脑，就一定能习得大智慧，经营好自己的人生。最后，真诚建议各位女孩，除了在生活中学习智慧外，也可以从书本中学习智慧。多读书，读好书，你一定能修成智慧女生。

写给爸爸妈妈的话：

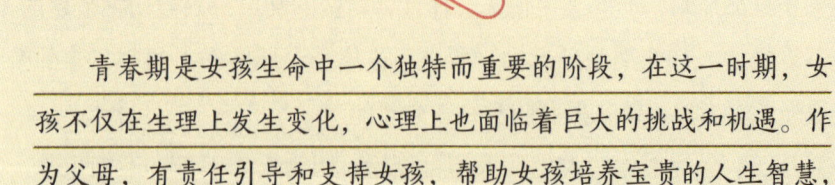

青春期是女孩生命中一个独特而重要的阶段，在这一时期，女孩不仅在生理上发生变化，心理上也面临着巨大的挑战和机遇。作为父母，有责任引导和支持女孩，帮助女孩培养宝贵的人生智慧，为未来奠定坚实的基础。具体怎么做呢？

1. 鼓励女孩独立思考。青春期是培养独立思考能力的关键时期。父母应该鼓励女孩提出自己的观点和看法，即使这些观点与父母的不同。鼓励女孩独立思考，可以帮助女孩建立起自信和自尊，培养解决问题的能力。

2. 培养情绪管理能力。青春期的女孩情绪波动较大，父母可以帮助女孩学习如何管理情绪。这包括教女孩识别情绪、理解情绪产生的原因、寻找解决问题的方法等。通过情绪管理训练，女孩可以更好地应对生活中的挑战和压力。

3. 树立正确的价值观。父母要引导女孩树立正确的价值观，包括尊重他人、诚实守信、勤奋努力等。这些价值观不仅有助于女孩在社会中建立良好的人际关系，也是女孩未来成功的关键。

4. 培养社交技能。青春期是社交技能发展的关键时期，父母可以鼓励女孩参加各种社交活动，如团队合作、志愿服务等，帮助女孩学会与他人合作、沟通和解决问题。

青春期女孩的人生智慧培养是一个长期而复杂的过程，需要父母的耐心和支持。通过倾听、理解、鼓励、引导和陪伴，父母可以帮助女孩成长为自信、独立、有爱心和责任感的女性。

10 女孩要学会体面地拒绝男孩的表白

> **假公子@钟老师**：有个男生向我表白了，可是我很不喜欢他，你说我该怎么办呢？我的姐妹团给我出主意，说把那个男生狠狠地骂一顿，简直就是癞蛤蟆想吃天鹅肉、找死的节奏。可我觉得不妥。但我又不知道如何回绝，我真的是很苦恼。

先听我讲一个凄惨的真实故事，再做他议吧。

有一个男生，特别喜欢一个女生。为了喜欢这个女生，他顶着冬日的寒风去路口等待，为的就是能够远远地看女生一眼。为了喜欢这个女生，他冒着夏日的酷热去给女生买冰淇淋，然后再请别人送给女生。因为喜欢这个女生，他吃不好饭睡不好觉，也没有心思学习。他把整个心思都放在了女生身上，唯独没有他自己。后来他实在受不了单相思的煎熬，纠结一番后，终于鼓起勇气向女生表达了他的爱慕之情，希望女生能够做他的女朋友。女生被这个男生突如其来的表白吓了一大跳，羞恼地骂了一句"神经病，你等着，有你好看！"然后就跑了。时隔两天，五六个高年级学长堵住了男生的去路，一边骂着"弄死这只癞蛤蟆"，一边冲上去对男生一顿狂打。男生被打之后，性情突变：以前温文尔雅、自持有度，此后不修边幅、逢人傻笑；以前积极上进，开朗合群，此后颓靡沉沦、闷声不语。他精神恍惚，人际关系出现了障碍，学业成绩一塌糊涂。无奈之下，他的家人给他申请了留级，他成了我的同学。

我的班主任体恤他可怜，想着一个农村孩子，好不容易考出来了，如果因为精神障碍丢掉了这份学业，那么他的余生该怎么办？于是让他顺利毕业了。

我这个同学虽有个教师岗位的工作，但一天都没有从事过教学工作，只是在学校打杂，一辈子无婚无育、孤独终老。每一次说到这个故事，我都会痛心疾首。如果当初这个男生不那么贸然地去表白，或者女生能够体面地回绝，也许就不会酿成他的凄惨人生了。

一个女生能被男生喜欢，是一件多么值得开心的事情啊。有人喜欢，说明自己优秀，在这个世界上有人惦记着自己，有存在感。这是荣幸，不是羞耻。对方有喜欢他人的权利，你有不接受人家喜欢的权利，但是你没有资格阻止人家的喜欢。

也许大家会说那个拒绝男同学的女生，她有资格拒绝男生的喜欢，她没有错、不能怪她，要怪就只能怪那个男生太脆弱了。没错，她有资格拒绝男生的喜欢，但是她拒绝的方式是不善良的，是没有考虑后果的。不是每一个男生都有非常强大的内心，也不是每一个男生都可以大气转身、挥手说再见、潇洒送祝福。

不同的男生有不同的原生家庭，基因不同、性格不同、思维方式不同、情绪感知能力不同、处理问题的方法也不同，结果自然就不同。同一件事情，最终会以什么样的结果出现，带有巨大的不确定性。你怎么能确定对方是一个什么样的人呢？如果你不采取稳妥、善良、体贴、周到、体面的方式去对待一个男生的表白，也许什么坏事也不会发生，因为你面对的是一个非常健康的人，没有风险；也许你会惹上大麻烦，因为如果对方是一个心理有暗疾的人，风险指数就会非常高，一碰就炸，一炸就全线崩溃，不可收拾，难以弥补。

自己不喜欢的男生向自己表白，究竟要不要回绝？必须要回绝；不回绝就给对方留下了念想，也给自己埋下了隐患。回绝了，男生可能会痛苦，但他毕竟知道了你的心意，会慢慢地从痛苦中走出来；女生也不会被对方反复骚扰，可以心无旁骛地做自己喜欢的事情。

那么女生该如何体面地回绝男生的表白，才能不伤人又留有余地、不为自己留下隐患呢？

第一，直接回绝法。一个男生向你表达他对你的喜爱之情，这是他的权利，不要随便进行价值判断。如果你对他毫无感觉，那就应该把你的真实想法告诉他，不要欲拒还迎搞暧昧，一边给男生希望，一边又让男生绝望。这会对男生造成巨大的伤害，会引爆他内心的恨意。那么怎样把你的意思直接告诉他又不伤害他呢？

你可以这样说：谢谢你对我的喜欢。你很有眼光，你很棒。我现在沉迷学业不能自拔，一心只奔自己的前途，不谈情爱。

也可以这样说：谢谢你，我很开心。为表示对你的尊重，我一定要说出我的真心话，你是一个好男生，但你确实不是我喜欢的类型；我们可以做朋友，但不可以做恋人。

简单干脆，诚恳有礼，以后也不要再与男生联系、不可以藕断丝连，不要给男生造成"你有一点点喜欢我"的错觉。这对他不公平，也不厚道。

第二，矛头转移法。如果你觉得直接回绝男生过于残忍，可以通过婉转的方法让男生知难而退。具体怎么做呢？

你可以把矛头转移给你的父母和老师。你可以这样说：

我的父母对我非常严苛，他们明确要求我在中学阶段绝不可以谈恋爱。我很在乎我父母的感受，我一定会按照他们的要求来度过我的中学生活。

我的班主任对我盯得特别紧、要求很严，她希望我能考上一个好学校，接受更好的高等教育，能走很远的路，看很多的人，吃很多好吃的东西，成为更好的人，活成自己喜欢的样子。我认为我的班主任对我的要求是正确的，我一定会尊重她的要求，把自己变成更好的人，所以，我现在不谈男女感情。

这就是一种婉转的表达方式。女生向男生婉转地表达出：不是我要回绝你，而是我面前有几座大山挡着，并且这几座大山本身没有错，我不想把它们移开；我只想安静地过我自己想要的生活，请不要打扰我。

第三，留有余地法。人的感情很难说清楚，此一时彼一时。你现在觉得不喜欢这个男生，说不定过一阵子之后，又会觉得这男生很不错。因此在回绝男生时说话要留有余地，尽量不打脸，不给自己造成后患，具体怎么说呢？

谢谢你看得起我，说明我很优秀，我非常开心。不过我可能要让你失望了，我给自己定了一个谈情说爱的年龄底线，就是没到18岁，我决不谈恋爱，好可惜哦。如果我们有缘，说不定我18岁以后会主动向你表白呢。我们一起努力，把美好留在18岁以后，怎么样？

第四，拉人一把法。有些男生喜欢一个女生，是被女生的优秀所吸引。这些男生本身很不错，有上进心。他们在向优秀女生表白时，如果能够遇到一个心存善意又懂得激励术的女生，这是他们的福报。

我有个女学生，特别优秀，很多男生都喜欢她，也有男生直接向她表白。她不回绝，也不答应，而是非常郑重且诚恳地说：时间不合适呀，我们都有学业要完成，加油！咱们深圳四大名校见，届时有机会咱们再谈论此事也不迟啊。假装喜欢她的男生知难而退，真正喜欢她且非常优秀的男生则奋起直追。能不能考上深圳四大名校，那是后话。进了深圳四大名校之后能不能谈情说爱，那更是后话。关键是，男生为了自己心中的女神，努力把自己变成更好的人，这是让人多么感动和欣慰的事啊。

回绝男生的方式方法很多，女生们尽可能在自己的情感之路上去总结。但不管用什么样的方法，都请切记：

千万不要辱骂向你表白的男生，也不要向老师和家长告发他们，更不要找人殴打他们。他们向你表白的文字、图片，决不可以截图或拍照发到其他网络平台上。让喜欢你的男生社死或者遭受网暴，只能说明你这个女生又笨又不厚道。

如果男生在你明确拒绝之后，还反复骚扰和谩骂你，那么就要告诉自己的父母和老师，请求第三方的帮助。如果男生的骚扰已经干扰到你的学习和生活了，那么就要拿出法律武器来保护自己，而不是使用一些非法手段。

总之，一个善良、有爱、有智慧的女孩，是不会将自己与他人置于风险之中的，说话做事都会为自己和他人留有余地。

写给爸爸妈妈的话：

我做了老师后，时常会处理因"拒绝不当"而造成的感情矛盾。这个感情矛盾一旦产生，对男女双方都会造成极大的伤害。

有个九年级的男生，通过QQ向他的同班女生表白。那个女生非常生气，用极难听的话语辱骂了向她表白的男生。男生不堪其辱，也用极恶毒的话回骂了女生。女生盛怒，将男生辱骂她的话，截图发到班级群。

班级群自然炸锅，并且引发了全体学生的愤怒。班上男生尤其愤怒，都觉得这个男生丢了他们所有男生的脸。

于是班上的男生们组团排挤他、讽刺他，甚至还污名化他。这个男生最终在可怕的滔滔舆论中抑郁了。

这个男生开始是不与任何人交往，然后是出现幻听，甚至有被害妄想，最终演变成跳桥自杀。虽然男生的命最终被抢救回来了，但也给他留下了极大的后遗症。女生呢，也在这场事故当中遭到多方的讨伐。大家都认为她是始作俑者，男孩受到的一切伤害都是拜她所赐。可想而知，女孩这一生需要承受多大的压力。

我们身为父母，一定要关心孩子的感情状况，要教会女孩面对自己不喜欢的男生表白时，既能够心怀感激，还能够勇敢得体，不伤人、不辱人地说一个"不"字。具体怎么指导呢？如果不好面谈，可以采用书信的形式婉转告知。

1. 祝贺女儿被他人欣赏。父母要明确告诉女儿：有人喜欢你，说明你是一个值得被欣赏的女孩。这是一件美好的事，不要因此感到害羞或不安。但同时，你也要清楚，现在的你正处于人生中非常重要的学习阶段，学业应该成为你当前的首要任务。这并不是要你忽略感情，而是希望你能在合适的时机，做出最明智的选择。

2. 保持尊重与礼貌。无论对方的表白方式如何，你都应该给予男孩足够的尊重。感谢他的心意，告诉他你很感激他的欣赏，但现阶段你更希望专注于学业。

3. 明确表达你的想法。不要含糊其辞，要直接但温和地告诉他，你目前的重心是学业，并不打算在这个时候谈恋爱。

4. 避免伤害对方的自尊心。你可以说："你是一个很优秀的男孩，但我希望我们能保持朋友关系，共同进步。"这样既能表达你的拒绝，又能避免对方过于失落。

5. 寻求外部支持。如果觉得自己难以单独面对这样的情况，不妨和闺蜜、老师或父母谈谈。你要坚信，父母永远是你最坚实的后盾。

6. 增强自我保护意识。拒绝他人后，你可能会遇到一些情绪上的波动或是外界的议论。记住，你不需要为别人的情绪负责；保持自信和坚定，相信自己的选择。

亲爱的女孩，你的未来有无限可能，不要让一时的情感影响了你的长远发展。学会拒绝，也是一种成长。我们希望你能够珍惜自己的青春，用努力和汗水书写属于你的辉煌篇章。

11 青春期女孩千万不要**失去自我**

> **小玛瑙 @ 钟老师**：我最近特别烦。我喜欢上了一个男孩,我感觉我整天都想围着他转。我自己的爱好快丢了、成绩也下降了,我很担心,可我又舍不下他。要是我妈知道我早恋,肯定气坏了。我该怎么办啊?

喜欢一个人本没有错,但如果"喜欢"得丧失了自我,或者令对方感到"窒息",那么这种"喜欢"就需要警惕了。

小玛瑙,能歌善舞,钢琴过十级,成绩在班级名列前茅;每一次搞活动,她都是班里的风云人物。几乎每一个老师都看好她。

突然间,小玛瑙就像转性了一样,歌不唱了,舞也不跳了,钢琴更是不弹了,成绩也明显下滑了。关键是,她看起来很颓。

我问她为何前后判若两人,她低头沉默,不愿告诉我真相。我只得说:"如果你觉得你个人的能量足够调整好你当下的状态,我静默旁观、耐心等待。但如果你的能量不足以扭转你的消极状态,那么我一定不会袖手旁观,希望你能拿出求助的勇气,让我帮帮你。"

小玛瑙说自己先试一试,如果调整不过来再向我求助。我拍了拍她的肩膀，温和地说："求助是能力，也是勇气，更是智慧。老师自认为是个很靠谱的人，值得你相信！"

过了大概一个月，小玛瑙找到我，说："我喜欢一个男孩，各方面都比我差！男孩说，跟一个太优秀的女孩在一起压力很大，除非我变得跟他一样，他才有勇气与我在一起。""于是你就舍弃你的爱好，抛下你的学业，努力下滑到跟男孩同一水平线？"我问。

小玛瑙点头，然后说："可他还是不满意，竟然还不准我与同班男生说话，甚至和女生也不可以说话。可他自己经常去外面与别人玩。"

"那你从这一段关系中收获了什么呢？"我问。小玛瑙说："有开心，但更多是不开心！我的爱好没有了，朋友也少了。这些没了也就算了，关键是我成绩下滑得很厉害，我爸妈天天骂我，我也担心我考不上高中。我希望他能认真学习，与我考同一所高中。他却说，谁要读高中？读书多累啊！"

很显然，小玛瑙这段提前练习的感情是失败的。因为她在喜欢那个男孩的同时，违背了自己的本心，一味地退让与求全，不仅没有赢得男孩的喜爱，反而把自己都搞丢了。

不管女孩多么喜欢一个男孩，都必须记住：当对方让你做出牺牲时，你就要警惕，这种关系不对等，没有持续发展的必要。当你自己主动为对方降格以求、丧失自我、爱得卑微，你也要警惕，这对别人来讲，是负担，是绑架，对方迟早也会离开你！

有位作家曾说过："我不会为男人做无谓的牺牲，因为我自爱，只有自爱的人才有资格爱人。如果我不符合你的标准，请你自便。"

什么叫自爱？自爱就是爱自己！爱护自己的身体，珍惜自己的名誉，把自己变成更美好的人。

每天早晨起床，洗漱完毕后对着镜子做一个高能量的动作：两脚与肩同宽，腰背挺直，下颌上抬，双手叉腰。动作摆好后对着镜子里的自己笑一笑，坚定地说：我可以成为更好的女孩！我的人生我可以做主！我要为自己负责！

动作越舒展，心理能量越强大，掌控感就越强，对他人的依赖就会减弱。

把头发梳理得清爽干净，把整个脸部大大方方地露出来，又自信又利落。人家一看女孩这副打扮就知道她个性独立、行事利索、能量超强，谁敢惹她？按照"物以类聚，人以群分"的吸引法则，那些不求进取、品行不端的男孩根本就近不了她的身。

我特别不建议未成年孩子谈恋爱，其中一个原因就是，男女学生一旦进入恋爱状态，交往方式就发生了变化。为了顾及对方的感受，不得不缩小交往的圈子，优质朋友也就在不知不觉间丢失了。而此时的男孩和女孩，就应该扩大交往，因为只有在和人交往的过程中才知道哪一种脾性的人与自己投缘。因此，青春期女孩要牢记，只要你发现自己与某个男孩交往过密，完全忽略了其他同学的感受了，你就要警惕了，你很有可能把自己搞丢了！你的父母、姐妹、同学、老师，都不应该是被你忽略的人。

特别是学习成绩，这是每个学生的底牌之一，无论如何都不可以丢失。我初中有位女同学，迷恋一位学长，整日失魂落魄无心学习；成绩由年级的上流滑落到下流，用孩子们的话说，就是从学霸变成了学渣。后来那个男孩辍学回家，我那位女同学竟然也辍学回家，回家时还振振有词地说：为了他，我可以做任何事情！

我那位女同学最终如愿以偿嫁给了那位学长。她以为她追求到了美满的爱情，殊不知灾难正潜伏在她那虚构的美满中。一年后，她生了孩子，他连奶粉钱都挣不回来。她责备他两句，他抡起拳头就打！人们都说，家暴只有零次和无数次的区别，只要开了头，家暴就无法停止。我那位女同学为了所谓的爱情，放弃了自己的学业，甚至放弃了自己的尊严，活成了她自己都讨厌的样子！

作为一个未成年女孩，不要羡慕成年人的世界，你还是在自己的世界里自由自在地飞翔吧。

第一，形成独立自主、凡事靠自己的价值观。小时候，我妈不遗余力地教导我：你在这个世界上，父母靠不住，因为他们可能比你去得早；兄弟姐妹靠不住，因为他们有自己的家要养；亲戚朋友靠不住，因为他们有自己的责任要承担；配偶更是靠不住，因为感情最容易变质，即便感情不变，自身没有能力也只能仰配偶鼻息，活得没有尊严。你能靠得住的，永远只有你自己，所以你必须认真读书、认真学会生活的必备技能。我当然相信我母亲的话，不仅相信，还把这些话变成了我的座右铭。我不仅认真读书，认真学习各项技能，还持续不断地对自己进行投资。现在的我，尽管青春不再、颜值垮塌，却活得优游自在、游刃有余。

第二，不论多喜欢，都要保住自己的底牌。 我也经历了青春期，也喜欢过别的男生。但在读书期间，不论我多么喜欢那个男生，都不会与对方确定恋爱关系。因为我清楚地知道，只要与对方确定了恋爱关系，我的交往面就会变窄，没有了交往的自由。还有，我喜欢的男生一定要比我优秀，我与他交往，必须要让我变得更好。当然，最重要的是，我决不会因为喜欢一个男生就放弃学习，因为学业是我人生翻转的底牌。我也不会为一个男生伤心，让我伤心的男生算什么好男生？我凭什么要为一个令我不快乐的男生伤心？我的眼泪很珍贵，只为我自己流。我无惧抛弃、无惧损失，因为我人格独立、情感独立、经济独立。我自爱、自尊、自立，我不怕一切背叛。

第三，培养多种爱好，让生活丰富多彩。 一个生活乏善可陈的青春期女生，内心很空虚，内心空虚得太久，就会生出洞来，有了洞，就必须找人来填补。错误的时间，很容易找到错误的人。因此，女生除了认真对待学习，还要培养多种爱好，比如学习某种乐器，学习某种体育技能，学习某种生活技能。周末还可以去社区、医院、高铁站、书城等公共场所做志愿者。寒暑假可以去参加研学旅行，可以去农村体验生活，条件允许可以去国外开开眼界。生活的多样化会让人内心辽阔无边，那些小情小意简直就是沧海一粟。

第四，接受并与孤独和谐相处。 青春期女生特别容易"为赋新词强说愁"，孤独难耐。一个不能与孤独相处的女生，内心特别容易生出恐惧。心里有了恐惧就想找人来消除，先是找好朋友，然后是找异性。孤独感越强烈，就越容易胡乱找个人来缓解孤独——明明是在找安全感，却以为自己在爱一个人。

那么怎么才能与孤独和谐相处呢？首先要明白，孤独只是一种感觉，只要你不排斥这种感觉，就不难受。其次，立即行动是排遣孤独的最好办法。我个人最喜欢独处，因为独处时，身心都很自由，由内到外都特别放松，我可以心无旁骛地做我喜欢的事情，可以穿越时空翱翔九天。我的身心非常充实饱满，我不需要那些莫须有的情感来绑架我。这样一来，我的内心就无比强大，头脑也比较清醒，不会轻易掉到自己或者他人挖的人生陷阱里。

写给爸爸妈妈的话：

女孩渐渐长大，情窦初开的年纪悄然而至。这是一个充满好奇、探索与憧憬的时期，也是一个需要谨慎和理智的时刻。作为父母，一定要多与女儿沟通，指导她正确面对和处理自己的感情。具体怎么指导呢？

1. 保持自我，不失底线。父母要告诉女儿：你是独一无二的个体，拥有自己的底线和尊严。感情中，不要为了迎合对方而失去自我，更不要因为别人的喜好而改变自己的原则和底线。真正的爱情，是建立在平等和尊重的基础上的，而不是无条件地妥协和牺牲。

2. 平衡学业与感情。父母要告诉女儿：学业是你目前阶段的重要任务，它不仅能够为你未来的生活打下坚实的基础，也是你实现梦想的必经之路。不要因为感情的波动而影响了学业，要学会平衡两者之间的关系。当感情和学业发生冲突时，要理智地做出选择，不要让一时的冲动影响了你长远的发展。

3.保持对爱好的热情。父母要告诉女儿：除了学业，你还有很多其他的爱好和兴趣，这些都是你个性的一部分，也是你魅力的源泉。不要因为恋爱而放弃了自己的爱好；相反，要学会让爱情和爱好相互促进，让你的生活更加丰富多彩。

12 别怕，女孩也能学好理科

> 努力到感动自己 @ 钟老师：我好累，好烦，我觉得自己已经很努力，很努力了，但我的数学考得还是不理想。我妈说我根本就不是学理科的料，再怎么努力也是白搭。可我不服气。我喜欢理科，尤其喜欢数学。我难过的是，为什么我在数学上投入了那么多时间和心血，它却是我所有科目当中考得最差的一科呢？难道我真的如我妈所说，我天生学不好理科吗？

在许多人的印象中，理科似乎是男生的天下，而女生则更擅长文科。但从我自身的经历，以及我 30 多年的教育经验看，这是一种对女生的刻板印象，早已过时。事实上，现在越来越多的女孩在理科领域展现出了非凡的才华和潜力。我教过的女生中，上了高中有一大半选择了理科，并且学得很不错，高考成绩也很亮眼。

我刚读初中那会儿，刚开始理科没入门，也被理科搞得焦头烂额，还被班上那些数学天才虐得肝疼，也一度产生了自我怀疑，认为自己不是学理科的料。但我很快就调整了自己的心态和学习方法，数学成绩渐渐有了起色。有了学习数学的丰富经验，我的物理和化学也学得很好。中考时，我的数理化考出了三年以来最好的成绩。高中时，我的理科也不赖，还是物理课代表呢。工作后，我做了语文教师，写出来的文章，被很多人误以为是理科老师写的。为何？他们说我的文章逻辑感很强，不应该是语文老师写出来的。当然，他们有这样的说法，也是对语文老师的刻板印象所致。

那么女孩要怎样做，才能克服眼前的困难，进而把理科学好呢？

最重要的是，要打破刻板印象，提升自信心。理科并非男生的专属，女生也可以大放异彩。付出了大量的时间和心血，却没有取得预期的成绩，不是因为自己笨，更不是因为自己懒，而是没有形成系统的逻辑思维，没有找到适合自己的方法。

我同事的女儿初中时，理科也并不突出，但她总是跟理科较劲。她父亲是中文系毕业，说，你一个女孩子家，本就不擅理科，何必死磕；理科学到一般就可以了，把文科抓起来，今后考个师范大学，当个语文老师就行了。女孩的妈妈是化学老师，说，谁说女孩学不好理科？我不就是理科毕业的吗？女孩很有主见，对她爸爸说，当个语文老师也不错，但我想学理科，今后主攻物理。女孩爸爸认为女儿真是疯了，明知不可为，却偏要为之。

你可能会好奇，女孩现在怎么样了。告诉你吧，这个女孩目前在国外攻读天体物理学博士学位。

女孩拥有的，当然不只自信和坚持的精神品质，她还找到了适合自己的学习方法。我曾邀请她来我的班级为孩子们分享她的学习方法。那么，她究竟为大家分享了哪些学好理科的方法呢？

1. **了解自身情况特点**。女孩在学习理科时，确实存在一定的劣势，比如抽象思维发展不如男生，由于刻板印象对理科有畏惧心理。但与此同时，女生也具备很多优势，比如女孩通常对细节有着敏锐的洞察力，这在理科学习中非常有利。例如在生物实验中，女孩可能更容易观察到细胞的细微变化或实验结果的微妙差异。再比如女孩在沟通和表达上通常更为出色。这使得她们在团队合作或讨论中能够更好地传达自己的观点，促进有效交流。还比如女孩通常更有耐心，这使得她们在面对复杂或困难的理科问题时，能够保持冷静，持续探索，直至找到解决方案。根据这些优势，女孩就可以为自己量身定制适合自己的学习方法。

2. **设定清晰的目标**。每个人的目标都有所不同，不必跟风。扪心自问，我究竟是想在考试时取得高分数，还是希望在某个特定领域有所建树？如果只是想提高考试分数，那就要研究考点、吃透知识点。可以用思维导图把知识点和考点梳理出来、各个击破，坚持不懈，必有所成。

3. **脚踏实地，重视基础**。理科学习需要扎实的基础。因此在课堂上一定要认真听老师讲课，做好笔记，及时复习。对于不懂的知识点，要及时请教老师和同学。我曾经有段时间学理科误入歧途，觉得老师讲的知识太浅了，听他讲课就是浪费时间。于是老师讲课，我就在死磕高难度题目。结果考试时，试卷后面的难题我没搞定，前面的基础题也被扣了不少分。看起来很努力，考得却一塌糊涂，我的老师认定我在假学习，把我委屈得不行。后来，我调整了策略，高度重视基础，虽然试卷后面的难题我有时也搞不定，但前面的基础分我是抓得死死的。

4. **反复练题，重视母题和错题**。提高学习效率最快捷的方法有二：保证充足的睡眠；反复练习。有经验的理科老师都会帮学生把母题挑出来，学生只管认真练习即可；做错了的题目，一定要收集在错题本上重新做，直到弄懂为止。大考前将错题本上的错题再做一遍，考试效果一定很好。

5. **寻求外部支持和帮助**。不要害怕寻求他人的支持和帮助；可以向老师请教，与同学讨论，参加一些学习小组。与他人交流和合作，可以拓宽思路、加深理解，并且在相互鼓励和支持当中共同提升。

6. **及时调整心态**。在学习理科的过程当中，遇到困难在所难免。当你遇到难题的时候，不要轻易放弃，要相信自己有能力解决，可以尝试从不同的角度去思考，或者寻求他人的帮助。考试是检验学习成果的一种方式，但不是评价学生价值的唯一标准。在考试前保持平和的心态，不要过分紧张和焦虑；

可以通过一些放松训练，比如深呼吸、去操场散步等方法来调整自己的情绪。同时要正确看待失败：在学习过程中失败是不可避免的，遇到失败，就从失败当中吸取教训，分析失败的原因，并找到解决问题的方法；没有必要自责或沮丧，有一句话说得很好，那就是——失败乃成功之母。

总之，女孩学习理科并不是一件难事，只要目标明确，方法恰当并保持积极的心态和坚持不懈的努力，就一定能够在理科领域取得优异的成绩。

写给爸爸妈妈的话：

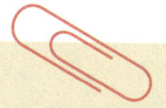

面对女儿学习理科信心不足，或者效果不明显，父母千万不要说女孩本就不擅长理科，而是要鼓励女儿树立信心，帮助女儿找到适合自己的学习方法，改善女儿的学习状况。那么父母应该如何对女儿进行思想上的引导以及方法上的改进呢？

首先，父母要理解并接纳女儿的感受。很多女生可能会认为自己在数学、物理等理科领域不如男生，这种观念往往源于社会的性别刻板印象和自我怀疑。父母应该告诉女儿，这种观念缺乏科学依据，理科并不是男生的专属领域，女生同样可以在这个领域取得优异的成绩。

其次，父母应该帮助女儿建立正确的学习态度，培养女儿的学习能力。理科学习需要一定的逻辑思维和抽象思维能力，父母可以鼓励女儿多进行相关训练，例如通过解决数学题目、参与科学实验等方式来提升自己。同时，父母还可以帮助女儿制定合理的学习计划，确保她有足够的时间和精力来掌握理科知识。

最后，父母还应该为女儿提供一个积极的学习环境。父母可以与女儿一起探讨理科知识，分享自己的学习经验和心得。当女儿遇到困难时，父母可以提供适当的帮助和支持，让她感受到家人的关心和鼓励。如果父母本身对理科知识非常不了解，那就告诉女儿，要向老师和同伴求助。

13 做个**情感独立**的女孩

> **yyds@钟老师**：我妈妈，还有我老师，经常在我耳根边说，女孩子情感要独立，才能活出独特的风采。关键是，我根本不知道怎么才能做一个情感独立的女孩呀。这可怎么办呢？

咱们先来认识一位人生彪悍得不像话的独立女性吧。她是谁呢？

她，是近 300 年来最后一位女词人，中国新闻史上第一位女编辑，中国第一位女撰稿人，近代中国第一位女校长。她当过袁世凯政府的秘书，倡导过女权运动……被称为"民国第一剩女"，一生未嫁，却活得比谁都精彩，书写了一部黄金剩女的传奇。她，就是民国四大女子之首——吕碧城。

我们先看看吕碧城的传奇人生——

1883 年，吕碧城出生于安徽旌德县一个书香门第，四姐妹中排老三，父亲吕凤岐是光绪年间的进士。吕碧城的童年在父亲的陪伴与教导下，算是幸福的。

吕碧城 13 岁那年，她的父亲在家中登假山，因雨后路滑摔倒，意外离世。因家中没有男丁，族人以其无人继承财产为名，强霸吕家财产，甚至教唆匪徒劫持吕母。

吕碧城听闻母亲遭困，临危不乱，四处求援，给父亲的朋友和学生写信，历尽艰辛，几番波折，最终让事情得到圆满解决。可是吕碧城却收到一纸退婚书，男方家认为这个女生小小年纪就能呼风唤雨，嫁进家门肯定不好管教；再加上她家道中落，于是自小许下的婚约就由男方单方面撕毁了。

在当时，女方被男方无故退婚是莫大的羞辱。

吕碧城20岁那年，决定去天津城内探访女子学校，却被保守的舅父严词拒绝，说她不安守本分。年轻气盛的吕碧城一怒之下，只身逃出家门，奔赴天津。

在天津，《大公报》总经理英敛之被吕碧城的惊世文采折服，亲自上门邀请她在馆里居住，并聘任她为报社第一女编辑。

在英敛之的介绍下，她结识严复等名流。年仅23岁的吕碧城出任"北洋女子师范学堂"校长，是中国女子教育的先驱。

吕碧城的办学理念就是拿到现今也不过时：倡导女子在社会中的力量不可忽视，要求男女平权，提出要"德智体"全面发展，教育学生人格独立。

前文已经提过，吕碧城被称为"民国第一剩女"，一生未嫁。那么是不是她徒有才华、容貌不佳呢？我在百度上搜过她的照片，仔细打量了，算不上绝色，但也长得秀丽婉约，很有女人味。她因为才华横溢、个性卓绝，追求她的名流才俊相当多，但她偏偏谁都看不上。

她就是要找一个与自己情投意合的人，找不到，决不将就，一个人也可以过得浪漫精彩。一个情感独立的女人，离了谁都过得很好。吕碧城用她后半生的行为诠释了什么叫情感和精神的独立。

1918年，吕碧城前往哥伦比亚大学，攻读文学与美术，兼任上海《时报》特约记者。

1926年，她再度漫游欧美，此次时间长达7年之久。

1928年，吕碧城参加了世界动物保护委员会，决定创办中国动物保护会，并在日内瓦断荤。

1929年5月，她受国际动物保护协会之邀赴维也纳参加大会，头戴珍珠抹额、身穿晚装大衣，风采照人，令众生倾倒。

1930年，吕碧城在瑞士皈依佛门，法号曼智。之后几年，她回国完成多部佛学著作，刊登无数外国见闻文章。

1943年，61岁的吕碧城在香港九龙写下了自己的绝笔：

"护花探花亦可哀，平生功绩忍重埋。匆匆说法谈经后，我到人间只此回。"

吕碧城的一生，是精彩的一生。她追求情感独立的精神值得所有女性学习。那么，作为现代新女性，怎样才能做到情感独立呢？

第一，树立情感独立的价值观。一个人的行为模式均由价值模式决定。如果女生们骨子里认同女人天生就要被男人照顾，或者必须依靠某个男人才能活得潇洒的话，她就不可能有独立的自我。

第二，培养并继续自己的爱好。一个没有健康爱好的人，一旦独处，内心就特别孤独。不会排遣或者享受孤独的人，很容易依赖他人。如果遇到善良的、真心以待的人，孤独确实可以缓解，甚至被治愈。但如果遇到的是别有用心的人，或者根本就是错误的人，过分依赖就会变成他人的附庸或负担。如果有自己的爱好，并且将爱好持续下去，生活就会特别丰富，丰富到根本不需要他人的介入。

第三，制定成长计划且按计划前行。一个知道自己要什么并且努力去要到的女生，她的生活会非常充实。忙碌、充实的人生会令她变得丰富而强大。思考与生活的独立也会降低女生对他人的依赖性。

第四，社交多元化，多结交朋友。朋友多、路子多，获得情感支持的机会也多。不要局限于一对一的交往，而是要与不同性格、不同领域的人交往，当然前提是与遵守社会规则的人交往，并且交往时也要遵守一定的道德边界。

第五，多读书多思考多学习。我特别提倡这个做法。我自己的成长经历也充分证明：读书才是自我救赎的最佳途径。大量的阅读使得我从字里行间找到了让自己情感独立的秘诀。

最后我想说的是：情感独立并不是"情感孤立"。我们不是不需要来自各方的情感支持,而是在需要自我负责的时候,不会逃避,也不会把责任转移给他人,不会被各种关系中的问题和困难吓到,不会因为人际关系的失败而否定自己,更不会因为依赖他人而丧失自我。

另外,我给女生整理了一份贴心小礼物。我把这份贴心小礼物称为"独立女性修炼秘籍",希望大家读后可以豁然贯通,从此以后走上独立女性的大道。

千万不要指望全世界把你当公主宠爱,这个世界除了你父母,没有人愿意无原则地迁就你。

不要把内心的骄傲摆在脸上。经营好自己的面部表情是走向独立的标志。

享受当下,过好每一天。未来可期,但不可控;唯有当下在眼前,最容易掌控,所以当下的每一天,都不要辜负。

不要沉迷想象,不用为谁轻易改变,也不要试图改变他人。每一个存在的个体都有自己存在的价值,接受自己本来的样子就好。

把交友的门槛抬高。你把门槛抬高时,意味着你想变得更好,也能吸引更好的人来到你身边。

既然是秘密,那就谁也别告诉。守住一个秘密比泄露一个秘密更重要。

至少把一个兴趣变成你加分的特长,哪怕是像唱歌、讲笑话这样的小事也比没有强。

别总是看甜宠剧,或者沉迷短视频;可以看点纪录片,这更能开阔你的视野。也可以看一些经典电影,提升你的审美品位。

尝试接触一些你以前拒绝的东西,例如一道从来不吃的菜,一本"绝不会看"的书,一个从来不参与的社交活动。

有慰劳自己肚子的动手能力。热爱生活就下厨房,搞点美食安慰自己的胃。这会让你有很强的满足感。

我希望女生们明白：该开心，你就开心；该学习，你就好好学习；该与同学交往，你就与同学交往；该陪伴家人，你就去陪伴家人。你就是你自己，你必须为自己活着。你活出来的精彩是给自己看的，因为只有你自己才看得懂。

写给爸爸妈妈的话：

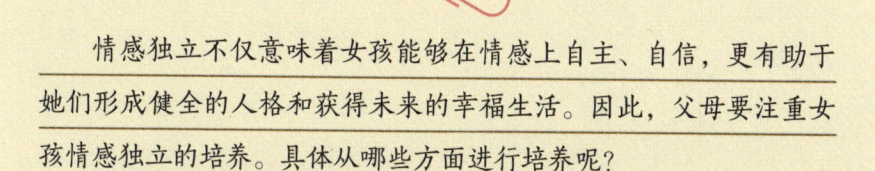

情感独立不仅意味着女孩能够在情感上自主、自信，更有助于她们形成健全的人格和获得未来的幸福生活。因此，父母要注重女孩情感独立的培养。具体从哪些方面进行培养呢？

1. 帮助女孩建立正确的自我认知。父母要引导女孩思考自己的价值观、兴趣和目标，鼓励她们勇敢表达自己的想法和感受。通过提升、优化自我认知，女孩就能更好地理解自己，从而更加自主地处理情感问题。

2. 培养女孩调节情感的能力。青春期女孩的情绪容易波动，父母可以教授女孩一些情感调节的技巧，比如深呼吸、冥想、写日记等。这些技巧可以帮助女孩平复情绪，增强自我控制能力，从而更好地应对生活中的挑战。

3. 鼓励女孩积极社交，建立健康的人际关系。社交能力是情感独立的重要组成部分。父母应鼓励女孩积极参与社交活动，建立健康的人际关系。通过与他人交往，女孩可以学会如何理解他人、如何处理人际冲突，从而更加自信地面对情感问题。

  4. 尊重女孩的选择及产生的后果。随着女孩的成长，她们会面临越来越多的选择，父母应当在尊重女孩选择的同时，引导她们认识到每个选择可能带来的后果，并学会为自己的选择负责。这样，女孩在情感上会更加独立和成熟。

14 女孩也可以 刚柔相济

我想静静@钟老师：我经常在想，我究竟是做个乖乖女呢，还是做个女汉子？想来想去，我觉得我在我妈妈那里，可以做一个乖乖女；但在其他地方，我就想做一个女汉子。但我又怕别人说我不像个女孩，究竟什么样的女汉子才受欢迎呢？这不是我一个人的苦恼哦，我觉得很多进入青春期的女孩都有这样的苦恼。

其实，每个人都不一样。

每个人也可能在遇到不同情况时，会展现出不同的面貌。

女汉子，乖乖女，都无所谓好坏。

女生最重要的是，要学会在不同的场合切换不同的角色。

在学习和运动方面，女生必须把自己炼成女汉子。

作为新时代的女性，既不妄自菲薄也不骄矜自傲，而是敢于向所有人宣告：姑娘我独立坚强不矫情，勇敢直率且自带多种技能，绝非娇滴滴的弱女子。

一句话，你不勇敢，谁替你坚强？大家都很忙，也都很累，谁会时时处处护着你？这个世界上最靠得住的人，也就只有你自己。

不矫情，不示弱，不服输。认准了目标，就咬牙死磕。不信什么洪荒之力，只相信坚持不懈。这样的女生，不论是在职场上，还是在生活中，都活出了女王风范。

面对父母，女生要把角色切换到软妹子。

什么是软妹子？就是那些目光柔和、嗓音轻柔、性格温柔的女生。人到中年的父母特别不容易，他们上有老下有小，经济压力和精神压力都很大。如果回到家里再碰上个蛮横、任性、懒惰的女儿，不得不说，这样的中年人生实在太悲催了。

软妹子能够体谅父母的不易，能够和颜悦色地跟父母交流，能够逗父母开心。即便父母人到中年，有强烈的中年危机感，看到有这样一位知情达意、体贴入微的女儿，心中的压力也会消除一半。

我青春期时特别有个性，胆子很大，什么都敢说，什么也敢做，每天都是一副仗剑走天涯的侠女范儿。但我在老师和母亲面前却格外软萌。在我的价值体系里，母亲给我生命，恩大于天，无论如何，我都不会忤逆她（并非愚孝，母亲有错，我也会态度温和地指出）；老师传授我知识、教我如何做人，是我灵魂重塑的指导者，对我同样恩比天高，所以我从来不会在任何场合怒怼自己的老师——即便老师错了，我也不会当场回怼，而是私下找老师表明自己的想法。

我的强悍不是用来对付我的亲人与恩人，而是用来对付我人性里的弱点。我要把温暖、软萌、体贴给予我的亲人。

有人说，一个人不仅要有好看的皮囊，还要有一颗有趣的灵魂。所以女生要学会在不同的场合切换不同的角色。在学习、运动、团队作战方面，做个坚强勇敢的女汉子，在父母家人面前做个可爱温顺的软妹子。

上述道理说起来易懂，做起来挺难，尤其是没有经过训练的女生，突然要在两种角色中自由切换，真心不容易。

那么如何才能把自己培养成一个刚柔相济、可爱有趣的多维度女生呢？

我觉得除了提升自身认知水平外，最重要的还是训练。

在学校，可以申请班级管理岗位，将自己"绑架"到管理岗位上去。女生要完成班主任交代的任务，就必须逼迫自己抛头露面、积极参与，假以时日，女生的工作作风就会变得泼辣果敢。不论是男生还是女生，能力都是在具体的工作当中训练出来的。

其次是女生可以以体育训练为抓手，通过强化训练、及时反馈等策略，激发自身的好胜心和狠劲。

每天大课间的体育训练，既能强身健体，又能提升自己的体育成绩。当然，一直咬着牙训练下去，还可以训出自己的狠劲。

我见过不少女生，她们在初一的时候特别娇气。但是经过两年的体育训练，到了初三，她们个个都变得健美有力、身体轻盈、性格泼辣。这样的女生，浑身洋溢着一种蓬勃的生命力。

由此可知，优秀女生都能够在多重身份当中自由切换，关键是女生要从青春期开始，就进行修炼。

写给爸爸妈妈的话：

我初为人师时，经常处理男女学生的人际矛盾。多半是男生欺负女生，把女生气得七窍生烟、哭得梨花带雨。渐渐地，我就发现，我在处理男女生矛盾时，女生不再是弱势群体，相反，她们常常把男生气得掉眼泪。男生们还经常向我投诉，说现在的女生就是一群"女汉子"，很强势，男生根本惹不起。

在我看来，"女汉子"这个词，无所谓褒，也无所谓贬。做个女汉子又何妨呢？我读初中时，一直被大家视为假小子，也就是现在的女汉子，除了不招男生喜欢之外，日子过得也蛮不错。但是，我又不愿意女生们曲解了女汉子的意思，只是为了耍帅、装酷，那就不是我想要的效果了。我希望我的女学生能成为刚柔相济的大女主。

当然，我更希望父母都能够配合老师，锻炼自己女儿的性格和意志，把女儿培养成一个外柔内刚、意志坚韧的大女主。那么父母需要做些什么呢？

1. 父母要教育女孩学会独立思考和自主决策。父母可以通过与女孩进行深入的交流和讨论，引导她们学会分析问题、权衡利弊、做出决策。同时，父母也要给予女孩一定的自主权，让她们学会自主安排自己的时间和生活，从而培养她们的自主性和责任感。

2. 父母要培养女孩的坚韧意志和逆商。女孩在成长过程中，难免会遇到挫折和困难。父母应该教育女孩如何面对挫折和困难，鼓励她们保持积极的心态和乐观的情绪。同时，父母也要让女孩明白，失败并不可怕，重要的是从失败中吸取教训、总结经验，不断提高自己的能力和素质。这样，女孩才能在面对挑战时更加从容和坚定。

3. 父母要培养女孩的人际交往能力和合作精神。女孩在成长过程中，需要学会与他人相处和合作。父母可以通过组织家庭活动、让女孩参与社交场合等方式，培养她们的人际交往能力和合作精神。同时，父母也要教育女孩尊重他人、理解他人、关心他人，从而培养女孩的同理心和社会责任感。

15 女孩要做妈妈的贴心小棉袄

> **一棵草@钟老师：** 我还记得你给女生们上了一节课《你知道你有多重要吗？》，你希望所有女生都能成为你的贴心小棉袄，但同时，你又向女生提出了要求，要女生们也做妈妈的贴心小棉袄。问题是，我妈妈虽然很爱我，但她非常强势，还不讲理，我怎么才能做她的贴心小棉袄呢？

我母亲的一生，可以用强势来形容；并且她还不是某一个方面强势，而是全方位强势。

首先，她个性很强势。从我懂事起我就知道，她是一个从不惹事、但也决不怕事的人。谁要是欺负她，无论这个人比她强还是比她弱，她在气势上和口头上都决不忍气吞声。我小时候很怕她，她让我去做某件事，如果我不去做，轻则被她斥骂，重则被她棒打。但如果我去做了，哪怕做得一塌糊涂，她也决不骂我，而是耐心教我怎么做才可以做得更好，因此我又很服她。

其次，她能力很强势。虽然她是个农村妇女，受文化和环境所限，没有什么大作为，但她在她所生活的环境里做得风生水起。我妈与我爸两地分居，她一个人带着我和弟弟，不仅能把田间地头的庄稼侍弄得长势喜人，还把家里收拾得整洁有序，更是凭借自身努力实现了自己的梦想——修一座长三间、带转角的小青瓦院子。20 世纪 80 年代中期，在农村修这样一座房子，相当于现今在县城买一套 100 平方米的高层楼房。

我爸常年不在家，我又是家中老大，我妈的"衣钵"当然要由我来传承，因此，我的能力在一群同龄伙伴中就很出挑。

可以想象，一个强势的青春期女孩，遇到一个极其强势的妈妈，该是怎样的兵荒马乱！

按照孩子们的理解，我可能天天都在与我妈顶嘴、赌气，母女之间的关系简直就是霜雪满天！但是，我必须要骄傲地告诉大家，我与我妈的关系虽然达不到蜜里调油的境地，但也绝对称得上是春暖花开！我是我妈不可或缺的贴心小棉袄。

我当时青春年少，没有现在豁达通透。但我也非常清楚，遇到我妈这种强势又霸道的人，硬碰硬就是死路一条。因此，每一次我妈快要出杀招的时候，我就立即示弱，不是声音沙哑了，就是嗓子疼了，有时是肚子痛，有时是头晕……总之，表现得我全身都不舒服。我妈立即就母爱爆棚，劝我赶紧去休息，有时还会嘘寒问暖。可有不少女孩子在与强势妈妈过招时，用的都是"伤敌一千，自损八百"的损招。

有位母亲向我投诉，说她女儿脾气特别大，不听话还怼她，把她气得差点吐血而亡。具体是怎么一回事呢？我把这位气得差点吐血的母亲对我说的话做个简单的梳理：

女孩放学回家不是先写作业，而是忙着看手机。母亲觉得女孩看手机不是聊天，就是玩游戏。现在网上乱七八糟的东西很多，女儿要是变坏了怎么得了？老母亲越想越害怕，于是启动唠叨模式，从前到后，从上到下，对女儿进行全方位的唠叨。女孩听着不胜其烦，作业没写，手机也没玩爽，还被妈妈强聒不舍，于是怒火中烧，冲进卧室，关门、上锁，甚至还故意把门摔得咚咚响，把书桌锤得啪啪响，把对母亲的不满和厌恶通过行动和声音表现得淋漓尽致！

这位母亲在毫无准备的情况下吃了败仗，尴尬之余怒气也随之喷了出来，唠叨变成了无端的指责，一票否决、翻老账，不合理比较，全都冲口而出。室内正在气血翻涌的女孩听到母亲毫无根据的情绪性表达，情绪气囊"啪"的一声爆了，灾难性话语喷涌而出：你还不如死了算了！这句话就如一颗手榴弹，把母亲的精神世界炸得百孔千疮，有那么一瞬间，真的就想去死。

这个女孩就不懂得示弱，把温暖的小棉袄变成了灼热的金钟罩，把母亲虽然烦人，却满怀深情的啰嗦变成了战火，烧毁了母女之间的温情。我真诚地提醒各位女孩：不管什么原因，伤害一旦形成，无论岁月怎么更迭，疤痕都在，保不定什么时候就会刺痛一下。所以说话要留口德，做事要留余地。

那么，家有强势霸道的母亲，该如何与她建立"亲密有间"的关系呢？

注意"亲密有间"这个词，就是指两个人虽然很要好，但是彼此之间保持一定的距离。进入青春期的孩子，要学会情感和人格的独立，要开始学习一个成年人的修养，因此要认真倾听妈妈说话，也要客观地评价妈妈说的话；同时，还要把自己从事件中剥离出来，去觉察妈妈的情绪以及话里的深意。下面我就为女孩们支三招，只要你学会了，我敢保证，你就能与强势妈妈建立健康和谐的关系！

1. **弹簧策略**。弹簧有什么特点？易变形，弹性大。根据这个特点，女孩们就要把自己的弹性练出来。妈妈特别强硬的时候，就要赶紧服软，此时千万别讲道理！跟妈妈讲感情才是正道，还可以撒娇、卖萌，这些虽是旁门，但用在此时有奇效。

2. **糖衣策略**。有些女孩明明做错了，还死鸭子嘴硬，说出来的话恨不得拆了老母亲的五脏庙。此时就算你说出来的话放之四海而皆准，妈妈正在气头上，她又怎么听得进去呢？何不给你所谓的真话穿一件糖衣，美美地、甜甜地表达出来。比如你月考成绩严重下滑了，妈妈指责你沉迷手机。你千万不要跟妈妈争辩，说这两者之间没有因果关系。你应该这样说：我母后的智商那么高，我怎么可能差呢？我这次一不小心掉坑里了，我的母后怎么可能

181

熟视无睹呢？接下来请我高智商的母后监督，我下次考试一定会进步的！就算你在理，你在妈妈面前摆出一副雄辩滔滔的样子，你的妈妈会因此变得温和吗？只怕更加强势霸道。

3. **行动策略**。强势的妈妈一般行动力都非常强，她们说话做事绝不拖泥带水，而是讲究速度、追求效率。她们见孩子做事拖拉懒散、有气无力，就会气不打一处来。孩子做了错事，认错快，改正慢，她们也会气得抓狂。因此奉劝各位孩子，如果你妈妈非常强势，对你要求很高，那么你答应了你妈妈的事情，就要立即行动，千万别让她三催四请。只要你愿意去行动，哪怕事情做得不够好，你那强势的妈妈也不会为难你。因为绝大多数的强势妈妈，都讲道理、明是非。

对于那种强势霸道不讲道理的妈妈。我觉得最好的策略就是，一边隐忍，一边努力成长，当你的眼界和格局宽阔辽远了，你就有能力与自己、与自己的父母和解了。

我也是一个妈妈，我能感同身受。但凡这个妈妈是个身心健康的正常人，都希望与自己的女儿建立温馨和谐的母女关系。我在建议妈妈们为女儿改变自己的同时，也希望女孩们能站在妈妈的角度对自己做一些改变。我坚信，只要女儿够好，妈妈就一定会心生感恩，情绪稳定。只要女儿够暖，妈妈就一定能春暖花开，心态阳光。

写给爸爸妈妈的话：

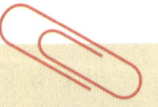

妈妈不仅是女儿的生养者，更是她成长道路上的引路人。如何引导女儿与自己和谐相处，是每个母亲都需要重视的问题。

首先，妈妈需要以身作则，成为女儿的榜样。在言行举止中，妈妈要展现出尊重、理解和包容的品质。当女儿遇到问题时，妈妈不是简单地给出答案，而是引导她思考，培养她独立解决问题的能力。同时，妈妈也要尊重女儿的选择和意见，给予她足够的信任和支持。

其次，妈妈要与女儿建立有效的沟通渠道。沟通是建立母女关系的桥梁，只有通过沟通，才能更好地了解彼此的需求和想法。妈妈可以定期与女儿进行谈心，倾听她的心声，分享自己的经验和感悟。在沟通中，妈妈要尽量避免指责和批评，而是用鼓励和理解的态度来引导女儿。

再者，妈妈要关注女儿的情感需求。女儿在成长过程中，会遇到各种情感问题，如自卑、焦虑、压力等。妈妈要细心观察女儿的情绪变化，及时给予关爱和支持。可以通过陪伴、倾听、鼓励等方式，帮助女儿建立积极的情感态度，增强她的自信心和安全感。

最后，妈妈还要营造一个温馨和谐的家庭氛围。家庭氛围对女儿的成长有着至关重要的影响。妈妈可以通过布置家居、组织家庭活动等方式，让家庭充满爱和温暖。在这样的环境中，女儿会感受到安全和自由，更愿意与妈妈分享自己的心事和感受。

16 不给爸妈忘记你的机会

> **天蓝蓝 @ 钟老师**：我爸记得我爷爷奶奶的生日，我妈记得我外公外婆的生日，凭什么他们就把我的生日给忘记了？我是多出来的那一个吗？反正我特别生气，我觉得他们不爱我。

有些话，我本不想对你说。一则，我想等着你自己了悟，毕竟成长中很多坎都需要自己迈过去；二则，我也不想让你觉得我很啰嗦，因为啰嗦对我来讲，意味着衰老。我不想这么快就老，我喜欢年轻地活着。可是，看你整日愁眉不展，唉声叹气，我还是忍不住要跟你啰嗦几句，即便你认为我更年期来了，我也要啰嗦，充其量，咱们就来个"更年期遇到了青春期"。

那天，你气急败坏地冲进教室，怒气冲冲地朝你的同桌吼道：让开！你的同桌不知所措，慌忙起身移到旁边呆站着。你闪电般抓起桌上的书本，使劲地朝地上摔去。书本落地的"嘭嘭"声吓得其他同学赶紧停止了手中的事情，转眼呆望着你。

而我，刚好在你后面，目睹了你"吼声震天，怒火烧心"的样子。什么事情让一向温婉的你如此暴戾？什么事情值得你如此大动干戈？

我很纳闷,也很害怕。你让我看到了另外一个你——暴怒之下毫无分寸感的你。

我什么话都没说,拉着你,缓缓地走出教室,去到办公室。我请你坐下,给你倒了杯水,拍了拍你的肩膀,抚了抚你的头,然后去教室看那群被你吓得目瞪口呆的同学。

等我回到办公室,你已经平静成一汪清水,兀自在那儿翻着我搁在办公桌上的书。

我微微一笑,柔声问:心情好些没?

你答:好多了。

我问:什么事值得你这样生气?

你低头道:我的生日,我爸妈竟然忘记了,去年忘记了,今年又忘记了。说完,你用手背揉着眼睛,我知道,那里面是泪水,你装着眼睛发痒。

我想说:不就是个生日嘛,忘记了就算了嘛,多大个事啊。但我没说,我知道我这话一出口,你心里就会顶嘴:哼!忘记的又不是你的生日,你当然说得轻巧。事实上,这个事对我来说,真的很轻巧,因为我压根就不会给我爸妈忘记我的机会。同样的,我的儿子,也从来没有给我忘记他的机会。

我只是拍了拍你的肩膀,笑着说,他们确实该挨批评,竟然把宝贝女儿的生日给忘记了,我这就打电话骂他们一顿。说完,我摸出电话佯装拨打。你赶紧说,算了,到时他们又会说我在告他们的状,又会借此数落我一顿。

我说,好吧,暂时不骂,留着家长会来骂,把粗心的家长都骂一通。说实话,有些家长实在是该教育了,你说,我要不要在家长会上点名骂你的家长?

你听着我装腔作势打抱不平的话,一下笑了。然后说,算了,我已经原谅他们了。我说，那好，暂时把这笔账记着，我早晚要给你讨回公道。说完，我们两个欢快地回了教室，你也给同桌道了歉。我以为，这件事就此翻篇，哪知道，你心里还是阴云重重。

我在前面说了，我压根就不会给我父母忘记我的机会，我的儿子，也从来没有给我忘记他的机会，这是怎么一回事呢？好吧，你把耳朵支起，让我细细说与你听。

自我懂事起，我就知道，我生日那天，要向我妈说感谢的话，感谢她把我生了出来，然后要把最好吃的东西夹到她碗里，请她先吃，她吃了，我才能动筷。

后来，我长大了，读书了，我会在我生日前两个月攒钱，等到我生日那天，我拿出我所有的存款，买我妈最喜欢吃的东西，然后欢欢喜喜地回家，请她老人家享用。我看着我妈吃得既欢喜又满足的神情，我心里真的很快乐，我感受到了什么是幸福，就是那种一股暖流从头顶流到脚底，心中无限满足、无限欢喜的感觉。

再后来，我工作挣钱了，我的生日一到，我就想着要给我妈买这买那，然后还要打电话，肉麻地说一通感谢的话。其实每次都是老生常谈，比如，感谢你生了我啊，感谢你把我养大啊，感谢你培养了我啊，等等。我由衷地表达着我的谢意。

你说，我这样一折腾，我的爸妈会忘记我的生日吗？不仅没有忘记，反而给了我更多的关注。比如三八妇女节来了，我爸妈会打一个电话，温柔地祝我节日快乐。教师节来了，我爸妈也会给我打一个电话，温柔地祝我节日快乐。我的生日到了，我提前感谢了我爸妈，但等我电话一搁，过会，他们就打电话来了，祝我又长大了一岁，还叫我要煮好的吃，或者是叫我到餐馆去大吃一顿……每句话都朴实无华，可是那朴素的话语之中满溢着父母对我的爱。

还有我的儿子，每到他的生日，一大早，他就来给我"请安"了，对我表达生养他的谢意。中午吃饭的时候，他会把最好吃的菜先夹到我的碗里，接着夹到他爸爸的碗里，然后恭敬地请我和他爸爸动筷，接着他才放开肚皮吃。除此之外，他还会悄悄地给我准备礼物。礼物虽然简单，但让我很感动，觉得此生拥有这样一个儿子是我最大的幸福。你说，我儿子这一折腾，我会忘记他的生日吗？我永远都不会忘记，而我回报给我儿子的，则是一个极其民主、完整、幸福的家，当然，还有一个他为之骄傲、为之敬爱的与时俱进的老妈。

我的儿子不仅在他生日的时候表达他对父母的爱意，其他的节日，他也会提前问候。有时候他也会准备一些小礼物让我惊喜不已。其实，稍微用点心，这些都是很容易做到的。我以为我儿子最不会让爸妈忘记的是，一个大男孩，面对自己的父母，不粗心，不叛逆，并且还帮我们做饭、洗碗，有时也洗衣，还为我的工作出谋划策，而这，不是心血来潮为之，是长年累月的常态生活。

亲爱的孩子，你因为父母忽略了你，整日闷闷不乐。请问，你在抱怨父母忽略你的时候，你是不是也忽略了你的父母呢？

父母爱自己的孩子，既是本能，也是责任。那么，作为孩子，学着去爱自己的父母，是不是也是自己的本能与责任呢？与其抱怨父母把你忘记了，你不如主动出击，让父母牢记你。

这是我特意写给一位女孩的信，同时，也是最想说给所有女孩听的话。为什么是女孩呢？因为我做班主任30多年，没有一个男孩因为父母忘记了自己生日而气得两眼冒火。倒是不少女生抱怨自己的父母粗心、疏离，不关心女儿。特别是过生日时，父母若是没有表示，就会特别生气。我当然理解女孩需要关心和重视的心情，我也经常提醒家长要给自己的孩子提供情绪价值，尤其是家有女儿的，一定要让女儿觉得自己被善待，被关爱，被重视，被需要。用高情绪价值滋养出来的女孩，一定是高自尊的女孩。只是，父母有时忙于生计，的确会忘记女儿的生日，忽略女儿的感受。

既然父母不是完美的父母，何必要苛求他们事事完美呢？既然父母忙于生计忘记了对女儿的情感投资，作为女儿，为何不主动对父母进行情感投资呢？毕竟一家人可以共用同一个情感账户啊。

写给爸爸妈妈的话：

很多父母都向我抱怨过孩子不懂得感恩，也不懂得爱。听到这里，我忍不住想为孩子们叫屈。是他们不懂得爱，还是根本就没学会啊？爱也是需要学习的，尤其需要亲口传授，亲手指导。我觉得利用孩子生日这个契机来指导孩子如何学习爱，是个非常不错的选择。

首先，父母应在孩子生日之际，通过讲述他们的成长故事，让孩子明白自己的成长离不开父母的辛勤付出。这些故事可以是孩子小时候的趣事，也可以是父母为孩子所做的点滴小事。通过讲述，让孩子感受到父母的关爱与不易，从而激发他们内心的感恩之情。

其次，父母可以引导孩子为家人准备一份特别的生日礼物。这份礼物不必昂贵，但一定要用心。例如，孩子可以为父母制作一张手工贺卡，或者画一幅充满爱意的画。在这个过程中，孩子不仅能够体验到付出的快乐，还能更加深入地理解父母的辛劳。

再者，父母可以与孩子共同策划一个家庭庆祝活动。这个活动可以是一次简单的家庭聚餐，也可以是一个有趣的亲子游戏。通过共同参与，让孩子感受到家庭的温暖和父母的陪伴，从而增强他们的家庭归属感。

此外,父母还可以在孩子生日时,引导他们关注社会上的弱势群体,如孤儿、留守儿童等。通过捐款、捐物等方式,让孩子学会关爱他人,培养他们的同情心和责任感。这样,孩子不仅能够学会感恩父母,还能学会感恩社会,成为一个有爱心的人。

当孩子学会了爱,就不会把目光聚焦在父母"为她做什么"上,也不会因为父母忘记了她的生日而伤神。她会主动去给予爱,进而获得爱。

第三卷

孩子，你必须活出自己灿烂的青春

......

01 做个**目标感**强的人

> **林家小洋 @ 钟老师：** 我们班上能人特别多，个个都制订了明确的目标。有想考深圳中学的，也有想进深圳高级中学的。但科任老师总是泼我们冷水，说我们有目标又如何，目标感那么弱，行动力也不强，再美好的目标也不过是想象。虽然我们觉得科任老师说得有些尖锐，但细想又觉得很有道理。请问老师，怎样才能增加目标感呢？

很多孩子厌学，你问他，你这辈子想做一个什么样的人？想过一种什么样的生活？他通常会一脸茫然地答道：不知道，没想过。可怕的不是孩子"不知道"，而是他们从来都不去思考自己究竟是谁、自己内心究竟想要什么。一个对自己有要求的孩子，不管多小，都有自己的目标。比如我儿子，3岁时，立志长大要做个"抬预制板"的工人；5岁时，立志要开拖拉机；7岁时，立志要开公交车；9岁时，立志要做新东方厨师；12岁时，立志要开飞机……他在不断地提出自己的目标，同时也在不断地调整自己的目标，所以他一直都是努力的、积极的。因为，他对自己有要求。一个对自己有要求的孩子，你永远都不用担心他会迷失自我。我讲述儿子的故事，就是希望读到这个故事的孩子，从现在开始，对自己有要求，并且是强烈的要求。

事实上，很多同学对自己有要求，目标制订了一个又一个，却始终不见成效。为什么呢？因为目标感不强，所以执行起来拖泥带水；兜了一个大圈子，目标还悬挂在那里毫无进展，最后沦为只会高谈阔论却又毫无建树的庸常之人。还有些同学的目标根本不是自己的目标，而是父母的目标，明面上看起来很努力，暗地里却阳奉阴违，最终成为学业上的失败者。

那么，什么叫目标？什么又叫目标感呢？

目标，就是对你做事所要达到的结果的一个定义和称呼，也可以说是想要达到的境地或标准。

目标感＝目标＋感觉，就是指做事做决策的人以达成目标为导向的思维意识，以及在遇到困难困境时，甚至付出代价时，仍坚持冲刺目标的毅力和拼劲。

你可能是"单纯有目标"。比如你父母要求你期末考试要考到年级前 150 名，这就是目标。你经过复习，最后考到了年级前 150 名，这就是达成了目标。可是，你个人最不喜欢的就是反复背书、写作业；能否考到年级前 150 名，你一点都不关心。这种感觉就叫"无感"。虽然有目标，但毫无感觉，毫无兴趣，更不会为了这个目标去努力、去拼斗。这就不能称为有"目标感"，只能说有"目标"。

但是，你很喜欢打篮球，并且想要成为职业篮球选手。于是你就给自己定了一个有"目标感"的目标：拼命练球，争取进入国家篮球队。从此以后，你开始思考各种可以提高你球技的对策，并且努力付诸实践。你甚至走路、睡觉的时候都在想如何才能把球打好。凡是关于篮球的比赛，你决不放过。每次看的时候，你都聚精会神地看球场上的球员如何运球、如何截球、如何投球。总之，你会抓住一切机会去学习、去提升，一旦有所收获，你便欢呼雀跃，一旦有所失手，你便奋勇直追。这就是"目标感"强的表现。

我有很多朋友，他们在自身某些条件处于弱势的情况下，仍然能取得令人羡慕的成绩，就是因为他们有非常强的目标感。

那么，亲爱的孩子，咱们如何根据自己的实际能力以及内在渴望去制订合理的目标呢？目标制订之后又怎么去完成呢？

首先说如何制订个人目标吧。

1. 列一份人生目标清单。夜深人静之时，或者是心平气和之时，扪心自问：我最想成为什么样的人？我最渴望得到什么？什么事情对我来说最重要？我这辈子一定要做成哪些事？我做什么事内心最快乐？什么事情是我最喜欢投入时间和精力的……问清楚了，想明白了，拿出你的笔，在你的笔记本上，端端正正地列出你的"人生目标清单"。按照"最想，很想，一般想，可想可不想"这个顺序列出来。然后再将可有可无的删去，把最重要、最渴望的目标留下。特别提醒：目标准确且单一最容易实现。欲望太多，什么都想抓住，到头来很可能是"竹篮打水一场空"。

2. 为每个目标设定一个时间框架。目标定出不是一劳永逸，或者是活到老实现到老的，而是必须为自己的目标设定时间框架。比如你说：我这次期末考试，名次必须达到年级前150名。那就要清楚地写出来：通过最后三周的复习，我要达到年级前150名。而不是说，我制订的这个目标随便多久实现都可以。这种没有时间限定的目标很容易成为一句空话。

目标制订后，不执行，那就是空想。因此，我们又可以说，目标感很强的人，执行力其实是很强的。但执行力强的人未必就能把事情做得圆满。为何？这里涉及一个怎么执行的问题。方向错了，犯了战略性错误；方法错了，犯了战术上的错误。这两种错误犯了，你的执行力越强，你遭受的惩罚就越大。那么要更好地执行目标，具体怎么做呢？

1. 将你所列出的目标进行细化。也就是将总目标分解成多个子目标，然后再分析达成这些小目标所需要的资源，以及你目前短缺的资源，根据需求及时补充。

2. 写出完成目标的每一步行动。我还是举例考年级前150名的目标吧。

195

你列出这个目标，你肯定得分析，要考进年级前 150 名，总分大概在哪个范围，你目前的分数与那个范围有多大差距，你的强势学科是什么、弱势学科是什么，你最容易提分的学科是哪一科、最难提分的又是哪一个学科。然后根据你的提分策略，列出你的行动，比如每天早读背多少个英语单词，记多少个文言文字词的解释；每天的课余时间，你要做多少篇课外阅读练习，刷多少道有代表性的数学题等。你必须要把每一天每一步的行动写出来，用以提醒自己必须按部就班地完成任务。

3. 目标也可以根据自己的渴望程度进行修改与完善。 把最渴望的目标摆放在第一的位置。比如你最渴望做篮球选手。你就把这个目标放在第一。你就要想，我要完成这个最伟大的目标，需要做哪些方面的准备。球技提升这是必须的。但你球技提升之后以哪种方式被继续培养呢？那肯定是进校队。好了，进校队之后呢？你是不是想更进一步，能上到高中，参加区里的比赛，然后被伯乐发现你是个奇才呢？或者是考体院，专门从事这个职业？可要达成这些目标，必须要有比较好的成绩啊，因为中考是个选拔赛，你必须得参加。你没有达到录取分数线，你球技再好，也只能望球兴叹。这样分析起来，其实你当下除了提升球技之外，最重要的目标是提升你的成绩。

总之一句话：设定目标的时候，一定要有达成它的强烈愿望。没有这个强烈的愿望，就不要把它当作你最重要的目标。只有你视为最重要的目标，你才会有强烈的目标感。你才愿意为它吃苦受累、为它流泪遭罪，哪怕为它遭人误解、受尽委屈，你也甘之如饴。

写给爸爸妈妈的话：

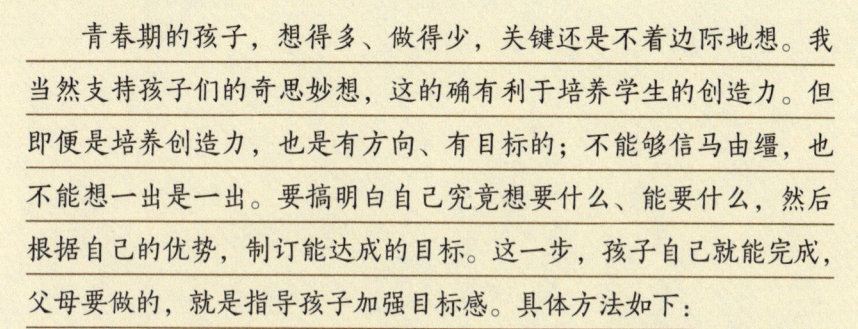

青春期的孩子，想得多、做得少，关键还是不着边际地想。我当然支持孩子们的奇思妙想，这的确有利于培养学生的创造力。但即便是培养创造力，也是有方向、有目标的；不能够信马由缰，也不能想一出是一出。要搞明白自己究竟想要什么、能要什么，然后根据自己的优势，制订能达成的目标。这一步，孩子自己就能完成，父母要做的，就是指导孩子加强目标感。具体方法如下：

1. 父母要帮助孩子设定明确的目标。这个目标可以是短期的，也可以是长期的，但一定要具体、可行。比如孩子可以在一个月内提高数学成绩，或者在一学期内提高写作水平。设定目标时，父母要鼓励孩子根据自己的兴趣和实际情况来制订，这样孩子的目标感才会增强。

2. 父母要教会孩子如何制订计划。一个明确的目标需要有一个清晰的计划来支持。父母可以引导孩子将目标分解为若干个小的阶段性目标，然后为每个阶段制订具体的行动计划。例如为了提高数学成绩，孩子可以每天安排一定的时间复习数学知识，每周完成一定数量的练习题。这样，孩子就能有条不紊地推进自己的目标。

3. 父母要鼓励孩子积极行动，勇于实践。有了目标和计划，关键是要付诸实践。父母要鼓励孩子不怕困难，勇于挑战自己。即使孩子在实践过程中遇到了挫折，父母也要给予支持和鼓励，帮助孩子从失败中汲取教训，继续前进。

目标感的培养是一个持续的过程，孩子需要不断地反思和调整自己的目标和计划。父母可以引导孩子定期回顾自己的目标和计划，看看是否有需要改进的地方，然后及时调整，以更好地实现自己的目标。

02 要做自己情绪的主人

猪猪侠@钟老师: 道德与法治老师讲了《揭开情绪的面纱》这一课后,我才明白我是一个不会管理情绪的人。我觉得青春期的学生大多都管不好自己的情绪,同学之间很容易闹矛盾。如果我们想要做情绪的主人,怎样才能做到呢?

我教过的一位女学生,情绪稳定时,仙气飘飘,人见人爱,花见花开。但一旦有人惹着她时,立即变脸,厉声呵斥对方滚蛋,那语气连我也会被惊呆。如果对方是个不识相的家伙,听闻"滚蛋"还若无其事,那么她立即会怒不可遏地扑过去,抓着什么打什么,连我也会被吓蒙。有一次她情绪失控得太厉害,把一个男生逼到墙角吓得瑟瑟发抖;而她自己,也同样急得瑟瑟发抖。我知道劝说无效,我也知道她本意并不想伤人,只是她控制不住自己的情绪,已经陷入歇斯底里之中了。于是我赶紧拦腰抱住她,附在她耳边轻声说,我爱你,就算全世界的人都抛弃了你,我都在你身边。开始她在我怀里愤怒地尖叫,使劲地扭动,几度差点从我怀里挣脱,过了好一阵子,她的情绪才慢慢平息下来。而我已浑身酸痛,绵软无力。

类似这种因"情绪失控"造成不良后果的事情举不胜举。那么我就想问了,情绪究竟是个什么东西呢？为何有人会情绪失控呢？

情绪究竟是个什么东西？情绪，就是对一系列主观认知经验的通称，是多种感觉、思想和行为综合产生的心理和生理状态。最普遍、通俗的情绪有喜、怒、哀、惊、恐、爱等；也有一些细腻微妙的情绪，如嫉妒、惭愧、羞耻、自豪等。情绪常和心情、性格、脾气、目的等因素互相作用，也受到荷尔蒙和神经递质影响。

所谓情绪失控其实是个人自我防卫机制的一种表现。这既是一种心理现象，也是一种生理反应。从心理学的角度讲，人的精神承受有一个极限。这个极限往往受生理条件的影响，比如年龄；也受心理条件的影响，比如个性特点；也受个人经历的影响，比如社会阅历。

一个好端端的人，为何会情绪失控呢？心理老师是这么解释的：

第一，你可能是完美主义者，把自己安排得很好；一旦有人打乱你的计划，你的完美计划就泡汤了，心情自然就不舒畅。

第二，你喜欢掌控力，自己能掌握自己的一切，但是当意外的事情插进来，你对自己事情的掌控就没那么如意了，所以你会烦。

第三，其实可能不是因计划被打断而烦，而是因为一种心境被打断了，所以烦躁。

第四，你很容易被情绪控制，因为一点小事情，影响了心情之后，不但不能很快地把自己调节过来，而且会被自己的情绪控制，衍生其他的很多想法，然后越想越烦，消极的情绪不断跳出来，把你淹没，你会想很多，然后被自己的思维淹没，然后陷进去，越陷越深。

我还想补充两点：第一，那种被溺爱到任性、以自我为中心的孩子，一旦自己的愿望落空或者别人不遂他意，就很容易情绪失控。第二，缺乏父爱的、个性比较强、性子比较急的女孩也很容易情绪失控。

当然还有一些心理学家挖掘出来的深层原因，在此不做讨论。

情绪没有好坏之分，只有积极情绪和消极情绪之说。而由情绪引发出来的行为，以及行为所产生的后果则有好坏之分。积极情绪令人产生兴奋、喜悦、快乐的心情，促使人积极地行动，获得好的结果。反之，消极的情绪令人产生抑郁、悲伤、狂躁的情绪，削弱人的行动能力，甚至使人做出过激的行为。

科学家曾做过这样的试验：选两头同时出生、体质健康的羊羔，一头与其他羊群一起喂养，另一头则与圈在笼中的狼一起喂养。一段时间后，前一头羊羔活泼健壮，后一头羊羔则体形消瘦。

在另外的一个试验中，科学家将六只狗关起来，想办法使它们长期惊恐不安、无法休息；另外四只狗生活在平静的环境里。经过一定时间后，前面的六只狗中有三只患了癌症而死亡，后面的四只狗都安然无恙。

这两个试验证明的就是积极情绪与消极情绪的不同作用。

很多时候，影响我们情绪的，不是事情本身，而是我们对事情的看法。对同一件事不同的人会有许多不同的想法，即使同一个人也会对事件有不同的想法，而不同的想法则引起不同的情绪。

比如，你的好友说周末会找你去逛街，但整个周末他都没有和你联络。就这个事件本身，想法不同，产生的情绪就不同。

想法1：这个人一点都不讲信用。由此产生的情绪是讨厌、生气。

想法2：他根本不把我当朋友。由此产生的情绪是气愤。

想法3：他可能突然有急事来不及通知我。由此产生的情绪是谅解。

想法4：他不会是来找我时出了什么意外吧。由此产生的情绪是担心。

有两个秀才一起去赶考，路上他们遇到了一支出殡的队伍。看到那一口黑乎乎的棺材，其中一个秀才心里立即"咯噔"一下，凉了半截，心想：完了，真触霉头，赶考的日子居然碰到这个倒霉的棺材。于是，心情一落千丈，走进考场，那个"黑乎乎的棺材"一直挥之不去，文思枯竭，果然名落孙山。

另一个秀才也同时看到了，一开始心里也"咯噔"了一下，但转念一想：棺材，噢，那不就是有"官"又有"财"吗？好，好兆头，看来今天我要鸿运当头了，一定高中。于是心里十分兴奋，情绪高涨，走进考场，文思如泉涌，果然一举高中。

回到家里，两人都对家人说：那"棺材"真的好灵。

阿德勒曾经说：你经历了什么不重要，重要的是你怎么解释你的经历。两人都是秀才，都是去赶考，见到的都是棺材，一个觉得触霉头，产生了消极情绪，影响了考试，结果名落孙山；一个觉得是好兆头，产生了积极情绪，文思泉涌，结果金榜题名。

这就说明：当事件无法改变时，若想改变情绪，首先要改变评价。我们不妨先给自己喝几碗鸡汤再说话：

不能改变环境，但可以改变自己；
不能改变事实，但可以改变态度；
不能改变过去，但可以改变现在；
不能左右天气，但可以改变心情；
不能选择容貌，但可以展现笑容；
不能预知明天，但可以把握今日；
不能事事成功，但可以事事尽力。

既然情绪不可能被完全消灭，那我们就进行有效疏导、有效管理、适度控制。用一个概念来说，就是情绪管理。何为情绪管理？丹尼尔·戈尔曼认为：这是一种善于掌握自我，善于调节情绪，对生活中因矛盾和事件引起的反应能适可而止地排解，能以乐观的态度、幽默的情趣及时地缓解紧张的心理状态。具体做法如下：

1. 注意力转移法。 心情不好时，可以去美美地睡一觉，可以玩玩电脑，可以看看电视，可以翩翩起舞，可以打球骑车，可以挥笔作画，可以逛街看电影等。

2. 适度宣泄法。心情恶劣时，可以找最信任的人大哭一场，找闺蜜或者哥们儿倾诉一番，或者去户外进行剧烈的运动，去 KTV 当个麦霸。

3. 心理暗示法。当心情受到影响、产生负面情绪时，可以积极地暗示自己：我准备得很充分，没事的；这个事情对我来说很小，没关系；一切都会好起来，今天只是运气不好而已。总之，找积极的说辞为自己做心理建设，及时把自己拉出消极情绪的泥沼。

4. 自我安慰法。在北方的语言系统里有一句俗语，叫作"死猪不怕开水烫"，很多人用这句话来骂那些厚脸皮的人。我倒觉得有些时候需要这种话语来安慰情绪低落的人。说得有文化点儿，其实就是要具有一定的阿Q精神。

5. 交往调节法。某些不良情绪常常是由人际关系矛盾和人际交往障碍引起的。因此，我们遇到不顺心、不如意的事，有了烦恼时，能主动地找亲朋好友交往、谈心，比一个人独处胡思乱想、自怨自艾要好得多。因此，在情绪不稳定的时候，找人谈一谈，具有缓和、抚慰、稳定情绪的作用。另一方面，人际交往还有助于交流思想、沟通情感、增强自己战胜不良情绪的信心和勇气，让自己能更理智地去对待不良情绪。

6. 情绪升华法。将苦闷、愤怒等消极情绪与头脑中的闪光点、社会责任感联系起来，从而振作精神，激励我们奋发向上。比如司马迁受腐刑而咬牙写出"史家之绝唱，无韵之离骚"的《史记》。

7. 改变认知法。期中考试考砸了。原来的想法是：我真没用，我根本就不是读书的料。此想法引出的情绪就是：焦虑不安，自卑胆怯。那么此时就要改变认知：一次失败不代表一个人永远失败，这次发挥不好也不代表我笨、没用，这次没考好的原因是自己没有认真复习。只要我努力，看准方向，用对方法，认真做好考前准备，我的成绩很快就会好起来。这种认知所产生的情绪则是自信乐观的。

8.**心理咨询法**。这个方法需要专业的心理医生操作，在此不做讲解。如果同学们有需要，可以直接到学校心理室寻求心理老师的帮助，或者去医院特诊科找心理咨询师调理。

情绪不是恶魔，大家不用怕它。只要管理得当、疏导得宜，它就会像那九曲十八弯的溪水，欢快而自在地缓缓流淌在河道中，于己于人都是美妙的。

写给爸爸妈妈的话：

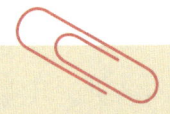

青春期学生的情绪反应一般都很激烈，有时波动，有时固执，来得快，去得也快。不过，以我30多年的教育观察，我发现近些年，青春期学生的情绪越来越不稳定了。除了学校老师要引导学生认识情绪、管理情绪之外，父母也需要指导孩子与自己的坏情绪和解、正确管理自己的情绪。那么，父母可以从哪些方面入手呢？

1. 倾听与理解。当孩子情绪失控时，父母首先要做的是倾听。不要急于打断或评判，而是耐心听孩子讲述他们的感受和遭遇。例如小明放学后因为作业多而情绪低落，妈妈可以温柔地说："小明，你看起来很不开心，能和妈妈分享一下发生了什么吗？"当孩子感受到被理解和接纳时，他们的情绪往往会自然平复。

2. 教孩子识别情绪。教孩子认识并命名不同的情绪是情绪管理的基础。我们可以通过日常生活中的实例，教孩子识别喜怒哀乐等情绪。比如孩子因为玩具被抢而哭泣时，父母可以说："你现在感到很生气，对吧？"这样，孩子就能逐渐学会用语言来表达自己的情绪。

3.情绪日记法。鼓励孩子写下自己的情绪日记,是一种有效的情绪管理方法。孩子可以在日记中记录每天的情绪变化,以及导致这些变化的原因。这样,孩子不仅能更好地认识自己的情绪,还能通过回顾日记,学会分析情绪背后的原因,从而找到解决问题的方法。

4.正面激励。当孩子成功管理自己的情绪时,父母要及时给予正面反馈和激励。这不仅可以增强孩子的自信心,还能让他们更加积极地学习和实践情绪管理技巧。

03 修炼好性格 获得好人生

夏天即将到来 @ 钟老师：我在网上看到一句话：性格决定命运。性格有这么重要吗，竟然还可以决定命运？我还听我爸爸说过，现在很多大企业招聘员工，不仅要看学历，还要看性格。还说，学历可以提升，能力可以培养，唯独性格一旦固化就难以改变。那么，好的性格究竟是怎样的呢？

从前有三兄弟想知道自己的命运，于是他们去找智者。智者听了他们的来意后说："在遥远的天竺大国寺里，有一颗价值连城的夜明珠，如果叫你们去取，你们会怎么做呢？"

大哥首先说："我生性淡泊，夜明珠在我眼里只不过是一颗普通的珠子，所以我不会前往。"

二弟挺着胸脯说："不管有多大的艰难险阻，我一定把夜明珠取回来。"

三弟则愁眉苦脸地说："去天竺国路途遥远，诸多风险，恐怕还没取到夜明珠，人就没命了。"

听完他们的回答，智者微笑着说："你们的命运很明晓了。大哥生性淡泊、不求名利，将来自难以荣华富贵。但也正由于自己的淡泊，他会在无形中得到许多人的帮助和照顾。二弟性格坚定果断、意志刚强、不惧困难，预卜你的命运前途无量，也许会成大器。三弟性格懦弱胆怯，遇事犹豫不决，恐怕你命中注定难成大事。"

这个小故事告诉我们：不同的性格决定了不同的命运。如果你希望自己的命运能掌控在自己的手中，那么，你必须与自己作战，把性格之中的劣势全部淘汰出局。

既然不好的性格会产生消极的力量，会阻碍自己的人生朝向美好。那么，我们该如何修炼自己的好性格呢？

关于性格，如果要深挖，那将是一个无底洞，毕竟它跟心理学渊源很深。就让老师先将复杂的性格用简单生动的语言描述出来吧。

1. 好的性格，就是能随时随地管理好自己的情绪，不会轻易失控、发火、吼叫、哭闹、歇斯底里。

2. 好的性格，就是能与人为善，对人群充满了善意，不会随便对他人进行漫骂与攻击。

3. 好的性格，就是不八卦、不尖刻、不讥讽、不摆脸色、不夹枪带棒，天生自带热情与活力，不对他人使用冷暴力。

4. 好的性格，就是能尊重两性的差异、接纳异性与自己的不同之处、欣赏异性的出彩之处，即使这个异性与你不投缘、不搭调，也会选择尊重，而不是侮辱其人格、迫使其做有违底线的事。

5. 好的性格，就是能保守兄弟或闺蜜的秘密，不得对方许可，他人的秘密决不外传。同时，万一对方并未遵守保密的承诺，轻微的，原谅；严重的，可以采取正当途径讨回公道，决不会挟私报复。

6. 好的性格，就是对待兄弟或闺蜜，当众力挺，私下毫不客气地指出其缺点并勒令其改正。

7. 好的性格，就是大气，不在小事上斤斤计较，不在得失上纠缠不清。

8. 好的性格，就是能主动屏蔽负面影响，始终保持积极乐观的心态。

9. 好的性格，就是面容和善，并略带微笑；心态阳光，行动轻盈；对身边的每个同学都能接纳包容，不轻易与他人交恶，但又有自己的原则底线。

10. 好的性格，就是会体谅父母师长的不易，重视父母师长的感受，理解父母师长的良苦用心，然后以一路花开的成长来回报。

11. 好的性格，就是别人做了对不起自己的事，可以不原谅，但不必恨之入骨、更不必打击报复。

12. 好的性格，就是能善解人意，能看到别人的存在，并针对这个生命个体的需要做出正确的回应。

13. 好的性格，就是面对困难、挫折，他会仰天长笑，他会迎难而上，他会视之为磨砺自己的机会。他会抓住这个机会，让自己脱胎换骨或者更上一层楼。

14. 好的性格，就是不会控制他人，不会强迫他人按照自己的成长模式来复制，而是尊重他人的个性，让他做自己。

15. 好的性格，就是能自己搞定的，决不会给别人添麻烦。

16. 好的性格，就是温和而不失刚性、宽容而不失原则。笑脸迎人而不阿谀谄媚。喜欢表达而不夸夸其谈。干脆利索而不拖泥带水。

17. 好的性格，就是原则之内寸步不让，原则之外淡然处之。

18. 好的性格，就是你带给别人的是幸福而非折磨。

19. 好的性格，就是做事不妄动、说话不冲动。面对不良后果，不责怪、不打骂，而是冷静地梳理自己的思绪，理性地分析成败得失，找到正确的路继续朝前冲。

亲爱的孩子们，这个世上没有完美的人，我也不希望大家去做完美的人。但我们可以把自己变得更美好，让别人因我们的存在而幸福，同时，也收获我们自己应得的幸福。

写给爸爸妈妈的话：

进入青春期的孩子，正经历着身心的巨大变化。他们开始独立思考，寻求自我认同，同时也面临着种种挑战和压力。作为父母，不仅要关心孩子的学业成绩，更要注重培养他们健康、积极的性格。具体做法如下：

1. 倾听与尊重。青春期是一个充满疑问和困惑的阶段，孩子们需要得到大人的理解和支持。父母应该耐心倾听孩子的想法和感受，尊重他们的意见和选择。例如当孩子遇到困难时，不要急于给出答案，而是鼓励他们思考并表达自己的想法，这样可以培养孩子自信和独立思考的性格。

2. 鼓励与支持。当孩子取得进步时，父母要及时给予肯定和鼓励；当他们遇到挫折时，父母要给予安慰和支持，帮助他们建立积极的心态和应对困难的能力。比如孩子参加学校活动时，即使表现不如预期，父母也要看到他们的努力和付出，鼓励他们下次继续努力。这样可以培养孩子不怕失败、敢于挑战的坚韧性格。

3. 以身作则。父母的行为和态度对孩子的性格影响深远。父母与孩子交往时，要以身作则，展示积极、健康的生活态度和价值观。比如父母可以和孩子一起参加公益活动，培养他们的社会责任感和同理心；父母还可以和孩子分享自己的工作经验，让他们了解努力工作的重要性和意义，从而培养孩子的亲社会性格。

总之，父母在培养青春期孩子好性格的过程中扮演着举足轻重的角色。通过倾听与尊重、鼓励与支持、以身作则等方法，帮助孩子建立起积极、健康、阳光的性格，为他们的未来奠定坚实的基础。

04 如何才能远离校园欺凌？

让世界更美好 @钟老师： 我读小学时，总是遭到班上几个学生的欺凌，到现在还心有余悸。上了初中，我虽然没有再遭到欺凌，但看到其他同学被欺凌，心里很不是滋味。请问老师，为什么校园欺凌屡禁不止呢？我们该如何远离校园欺凌呢？

为何校园欺凌屡禁不止？是什么导致部分学生总要去欺凌别的学生呢？

1. **性格不良所致**。一般来说，性格中具有强控制欲、急躁、以自我为中心等元素的孩子，更容易产生欺凌他人的行为。

2. **价值观错误所致**。有些孩子的价值体系中，存在"唯我独尊，谁的拳头硬谁就是老大，视生命为草芥"的价值观。因此，只要惹他不开心了，他就要动手打人。

3. **情绪冲动所致**。这类孩子主观上没有欺凌他人的意图，但由于不能控制自己的情绪，很容易在第三方力量的推动下产生欺凌行为。

4. **盲目模仿所致**。有些孩子主观上并非有意做坏事，但由于受不良媒介的影响，认为欺负他人的行为很酷，从而盲目模仿做出了伤人的行为。

5. **品德不良所致**。有少数孩子由于受了不良教育的影响，形成了自私、冷酷、贪婪、好吃懒做等不良品行，从而产生欺凌他人的行为，比如敲诈、恐吓等。

6. 心理不健康所致。 有些孩子因存在一些心理上的疾病，也会有意或者无意对他人甚至自己产生欺凌行为。这种情况非常隐蔽，需要老师特别用心才会发现。

7. 不善处理两性情感所致。 进入青春期的孩子，亲情和友情已经无法满足他们的情感需求，因此他们渴望爱情来填补他们的感情世界。但由于心智发育滞后于生理发育，他们很容易因为表白失败或者争风吃醋而产生欺凌他人的行为。

8. 学校或者班级管理不到位所致。 学校或者班级没有明确的规章制度，或者是容易产生欺凌行为的隐秘空间没有人管理、老师缺乏教育敏感度等，都会引发临时性的欺凌行为。

一般来说，欺凌者对被欺凌者会实施哪些欺凌行为？

1. 叫受害者侮辱性绰号，粗言秽语斥骂受害者，指责受害者是废物。

2. 对受害者进行拳打脚踢、掌掴拍打、推撞绊倒、拉扯头发等。

3. 侵占受害者的个人财产，如教科书、学习用具、金钱、食物等。

4. 传播关于受害者的消极谣言和闲话，恶意公开受害者的隐私。

5. 恐吓、威迫受害者做他或她不想做的事，威胁受害者听从命令。

6. 让受害者遭遇麻烦，或令受害者招致学校处分。

7. 中伤、讥讽、贬低受害者的体貌、性取向、宗教、种族、国籍、家人或其他。

8. 分派系、结朋党、孤立、边缘化或排挤受害者。

9. 敲诈、强索受害者金钱或物品。

10. 用文字或者图画侮辱受害者。

11. 通过QQ、微博、微信等网络平台发表对受害者具有人身攻击成分的言论。

我读初中时，因为身体迅速发育，个子矮、人又胖、颜值低，还剪个男士运动头，加上个性刚硬，很不讨那些自以为长得帅且调皮捣蛋的男生的好，于是他们给我取了好几个难听的绰号：个矮叫冬瓜，体胖叫南瓜，脸大叫铜盆，屁股肥叫磨盘。现在我当然不计较这些绰号，我早就原谅了那些欺负我的同学。但当时我很介意，我听到这些绰号就觉得整个世界都在与我作对。我心里怨气直冒，我恨所有男生，我也恨整个世界。我花了很多年，才把心中的怨气消化掉。

那么，什么样的学生容易被欺负呢？

1. 外在形象不佳，性格内向，不善言谈，很害羞、怕惹事的孩子。

2. 在同学中不受重视，朋友很少、在学校中很孤单，被边缘化的孩子。

3. 不善于说话、缺乏与朋辈相处的交往技巧，容易引起同学不满和反感的孩子。

4. 有身体缺陷或者是智力低下的孩子。

5. 凡事沉默，吃了亏也不敢争取，表达能力不佳的孩子。

6. 性格或行为与班上其他同学格格不入的孩子。

7. 自身行为或人品存在问题，比如撒谎、贪嘴、八卦的孩子。

现在很多学校都制定了反校园欺凌的规章制度，但老师不是神，不可能什么时候都能为那些被欺凌的学生做主。我建议学生遭到欺凌时，除了向老师报告，让老师帮忙维护自身权益外，还需要学习一些反欺凌的策略，让自己远离校园欺凌、规避伤害。那么具体有哪些策略呢？

1. 努力学习，提高成绩。优异的成绩可以提升自信心，更能为自己找到价值感，奠定自身在人群中的地位。放眼校园，那些在学业上很优异的学生，遭到欺凌的可能性较小。

2. 加强锻炼，增强体质。青春期的孩子，除了比学习，还要比发育。如果你个子高大、体格健壮、气场强大，总是一副雄赳赳气昂昂的做派，谁敢欺负你？那些喜欢欺凌的人，在欺凌前要看对象，还要计算成本，他们都是典型的欺软怕硬型。

3. 敢于表达，善于发声。所谓有人的地方就有江湖，虽然生活在学校的都是老师和学生，看起来离江湖很远，但是事实上学校就是一个小小的社会。在这个江湖里，遇事你不表达，受伤你不发声，别人就会觉得你好欺负。软柿子嘛，谁都想捏，品行不良之人更喜欢捏。

4. 立场坚定，态度强硬。对于他人的欺凌行为，立场和态度都必须强硬。所谓"人善被人欺，马善被人骑"，你的善良里若没有锋芒，那些欺软怕硬的人就会死抓你不放。类似这样的校园欺凌事件我处理过很多。

5. 搞好关系，建立朋友圈。咱们看动物世界里，那些落单的动物是不是很容易遭到攻击？人的世界里也一样。如果你在一个群体里没有稳固的人际关系，你的力量就特别单薄，有些人就会趁机欺负你。当然，你的体力和实力都很强大，做个独行侠也未尝不可。

6. 学会说话，不伤人。有些人不说话平安无事，一说话就遭掌嘴，为何？因为说话语气很冲、内容刻薄，脾气躁的人很容易被这种话挑起火气。站在别人立场，把话说到心窝里，春风拂面暖人心，挨揍的可能性极其小。

7. 自我修炼，行端坐正。打铁要砧硬，自身品质不过关，难免遭别人厌弃。一个立身天地之间、浑身充满浩然正气的人，气场强大、不怒自威，别人就算心里想欺负，行为上也会止步不前。

总之，把自己变成强者，欺凌就会离你越来越远；把自己变成智者，就可以保自己一生安宁。

写给爸爸妈妈的话：

为人父母者，最希望的就是自己的孩子平安、健康；尤其在学校里，要受到老师的关爱、同伴的喜爱，但事实上，有些孩子在学校里总是会遭到欺凌。那么，作为父母，如何引导孩子远离校园欺凌呢？

1. 增强孩子的法律意识和自我保护能力。父母要让孩子了解法律对于校园欺凌的明确规定，知道哪些行为是违法的，哪些行为是受到法律保护的。例如根据《中华人民共和国治安管理处罚法》，对他人进行侮辱、殴打、恐吓等行为都是违法的，会受到相应的法律制裁。

同时，父母要教会孩子如何自我保护。告诉他们在遇到欺凌时，不要害怕，要及时寻求帮助，可以向老师、家长或其他社会工作者报告。同时，也可以学习一些简单的自卫技巧，如逃跑、呼救等。

2. 培养孩子的社交能力和心理素质。校园欺凌往往发生在孩子之间的社交互动中。因此，父母要鼓励孩子多参加集体活动，与同学们友好相处，学会尊重他人、理解他人。

同时，父母也要关注孩子的心理素质，帮助他们建立自信、勇敢的品质。告诉孩子，每个人都有自己的价值，不要因为他人的嘲笑和欺凌而否定自己。要相信自己、勇敢面对困难、不怕挑战。

3. 建立家庭支持系统和监督机制。父母要在家中营造一个支持孩子、理解孩子的环境。当孩子遇到欺凌时，父母要给予他们足够的支持和关爱，让他们感受到家庭的温暖和力量。同时，也要与孩子保持沟通，了解他们的学校生活、社交情况等，及时发现并解决问题。

此外，父母还可以与学校、社区等建立联系，共同监督校园欺凌情况。如果发现孩子有被欺凌的迹象，要及时与学校沟通，寻求帮助和支持。同时，也可以向社区工作者、警察等寻求帮助，共同维护孩子的安全和权益。

05 正视批评比批评本身更重要

> **秋天的萤火 @钟老师**：我的班主任特别喜欢批评学生。说实话，班上很多同学都不喜欢她。相反，语文老师就特别喜欢表扬同学，大家都很喜欢。同学们准备给班主任提建议，希望她不要批评我们，向语文老师学习，多表扬、多奖励。你觉得我们这样做好吗？

心理学家说，人性最深层的需要就是渴望别人的赞赏。从同理心这个角度来讲，对于别人的观点要无条件接受，不可以进行评价，更不可以进行批评。

这就说明人最不喜欢的就是批评。但是，不管你同意还是不同意，批评始终存在。既然我们无法躲避批评，那就只有正视批评。

我曾经问过学生，这个世界上谁是最爱你的人？孩子们回答，父母。那么请问，当你做错了，父母批评你多，还是邻居批评你多呢？孩子们异口同声，当然是父母。我笑着说，这么说来，越是爱你们的人，越是希望你们更加完美；相反，不爱你的人，就巴不得你缺点满身，然后好嘲笑你、嘲笑你的父母。孩子们听我这样一说，均点头觉得有理。我顺势说，一样的道理，越是喜欢你的老师，看见你出错的时候，越要批评；相反，理都不理你。所以，请同学们记住了，今后若你犯错，有老师批评你，说明你在这个老师心目中很重要。

有一天，我有三个女学生迟到了。当值班老师询问她们迟到原因时，一个女孩火气十足，一副有理走遍天下的气势回敬道：没原因。值班老师很生气，把那位火气十足的女孩留下来训了一顿。事后那位女孩非常恼火，认为值班老师太严格，自己很倒霉。

我知道这位女孩听不得批评，我只字不提批评一事，只是说，我理解你的感受，我也理解值班老师的感受，你们两人的感受都是一样的，但最后你们都把负面情绪给了对方，这就叫来而不往非礼也。

其实类似这种抗拒批评的孩子挺多。他们每次犯规，都因为不能正视批评遭受更加严厉的批评。为什么会这样呢？我以为还是孩子们不能正确对待批评造成的。人活在世上，谁躲得了批评？在学校，老师可以把严厉的批评变得柔和，可以在药丸外面穿上糖衣，那么进入社会呢？有多少人在批评别人时会顾及别人的感受？既然谁都免不了挨批评，孩子们要学会的，不是拒绝批评，而是如何正视和化解批评。

我读小学五年级时，成绩一般，又爱慕虚荣，竟然学高年级同学用红墨水染指甲。我被班主任老师弄到办公室站了整整一天。他还说我的精神受到了污染，再不悬崖勒马，只怕今后就要走上邪路了。我当时真恨不得把自己的十个手指头给剁了。待老师把我从办公室放出来，我马上跑到学校外面的小河边，用小石头把指甲上的红墨水给磨掉了。

事后，我再也不盲目模仿了，而是潜心学习。小学毕业时，竟然考了个全区第二，一时间，成了我们那个小镇的名人。我之所以能从平庸过渡到优秀，是因为我没有抵抗批评、没有故意叛逆，而是正视了批评、接受了批评、改正了错误。那么，对于别人的批评，我们该如何面对才能促使自己进步呢？

1. 当长辈批评时，我们不仅要听着，还要听进去。长辈们的批评话语可能难听，但他们一定是出自善意。再说了，长辈在这个世界上摸爬滚打多年，很多真相都看得很清楚。他们的人生经验值得借鉴。

2. 当朋友批评时，我们也没必要抵触。不是真朋友，谁愿意说真话？明知批评容易得罪人，人家宁愿冒着得罪你的风险来批评你，这份诚意你要看明白。

3. 当违反规则受到批评时，不顶嘴、不辩解，立即认错、直接认输；分析出错原因，立即进行整改。此种做法不但不会丢面子，人家还觉得你胸襟开阔、气象宏大。

总之，面对批评，不要恼，更不要愤怒，而是让自己的情绪平和下来，认真倾听别人怎么说。说得好，听进去并践行；说得不好，那也是别人的问题，无须动气。长期这样做，你就成了智者。

写给爸爸妈妈的话：

但凡父母，都希望自己的孩子能够在生活中不断进步，成为一个优秀的人。但是，孩子在成长过程中，难免会遇到批评和挫折。如何引导孩子正确对待批评，就成了每位父母需要面对的问题。

首先，父母要让孩子明白批评的重要性。批评并不是为了打击孩子的自尊心，而是为了帮助他们发现自身的不足，从而更好地改进和提高。父母可以通过日常生活中的例子，向孩子解释批评的作用，让孩子明白批评是成长道路上不可或缺的一部分。

其次，父母要教会孩子如何接受批评。当孩子受到批评时，他们可能会感到沮丧、难过或者愤怒。这时，父母需要引导孩子保持冷静，认真听取批评者的意见和建议。父母可以告诉孩子，接受批评并不是一件容易的事情，但只有接受批评，才能更好地发现自己的不足，并且及时纠正。

再次，父母要让孩子学会从中吸取教训。当孩子接受批评后，父母需要引导他们深入思考，找出问题所在，并且寻找解决方案。这样，孩子不仅能够从中吸取教训，还能够在解决问题的过程中锻炼自己的能力和思维。

最后，父母要给予孩子足够的支持和鼓励。在孩子面对批评和挫折时，父母需要给予他们足够的支持和鼓励，让孩子感到自己不是孤单的。父母可以告诉孩子，爸妈相信孩子能够克服困难，取得更好的成绩。

06 叛逆也要遵守为人的**底线**

> **叛逆大佬 @ 钟老师：**每一次我事情没做好，我妈想要责骂我，我就一句话怼回去：我现在是叛逆期，不要惹我！然后我妈就不敢说话了，于是我就放飞自我了。事后我也很后悔，觉得这样跟父母斗实在没意思，关键是自己哪个方面都没长进。您觉得这样的叛逆有价值吗？

从小，我就有揭短和怼人的天赋，加上后天习得的除暴安良的侠女精神，所以天天"路见不平，拔刀相助"，并且沉迷其间不能自拔。我也因此被大人扣了一顶"极端叛逆分子"的帽子。

我经常把我二伯父（大伯父去世早，与我无甚交集）气得拎着木棒想要追打我。可他每次都没打着，因为我每次跟他顶嘴都距离他远远的，顶完就像兔子一样蹿得飞快，他追不着我，只得在后面诅咒我今生今世嫁不掉。我之所以要与他顶嘴，是因为他对我二婶不好、对子女也不管不顾，我必须为我二婶和他的几个子女出口恶气。我二伯父逢人就说我不听话，脾气怪，个性强，嘴巴毒。听的人就会幽幽地叹口气劝他：哎呀，她是叛逆期，长辈莫要与晚辈计较。

我还经常把我大堂哥怼得哑口无言。我大堂哥本是个教师，但他不安于本职工作，总是这山望着那山高，又没有改变自己的大能耐。我对他是恨铁不成钢，认为他拥有大把的机会却不好好珍惜，以致一而再再而三地错失工作与娶妻的好时机。

我大堂哥倒不会像我二伯父那样气急败坏地追打我。他只是讪笑几声，尴尬地转身而去，然后飘来几句话：你有本事，你出人头地了再到我跟前来说话。我听后就会咬牙切齿暗暗发狠：我今后的人生必定是我能掌控的人生，决不会像你一样颓废庸碌一事无成。

我还时不时将我两位堂姐数落得一文不值，数落她们不着家、没有责任感、不照顾自己的母亲（我大婶）。我两位堂姐尽管被我数落得默不作声（我照顾我大婶的时间多于我两个堂姐），但她们心里对我有诸多不满。多年来，我跟我两位堂姐的关系都很生疏。

小小年纪，牙尖嘴利，还见不得各种不平之事，经常主动地跳出来打抱不平，这样的孩子遭人喜欢不？必须不喜欢，绝对不喜欢。谁愿意去喜欢一只刺猬啊？因此，我成了钟家大院的另类，并且是人人喊打的另类。当然，也有很多人惧怕我。他们惧怕的就是我那颗叛逆不羁的心。谁要是惹着我了，我一定会戳他们心窝子。

后来，我终于明白了，我哪里有什么怼人的天赋啊？我也没有所谓的侠女精神。我不过是因为家庭贫弱、父亲缺位、母亲力孤、内心胆怯、缺乏安全感、怕遭人欺负，所以率先露出了我的爪牙。我不过就是一只力求自保的小兽而已。

但是，不管我多么张牙舞爪，多么叛逆怪癖，我在三类人面前是非常懂事明理、温顺乖巧的。因为在我的价值体系里：叛逆是有底线的，同时也是要看对象的。

首先是像我奶奶那样善良、公平的老人面前，我的獠牙生不出来。在我看来，他们老了，日落西山，没有了力量，是弱势群体，我没有理由，也没有胆量在他们面前耍横。所以当我的叔伯和堂哥、堂姐都觉得我刁蛮可恨时，我奶奶则认为我是这世上心肠最好的小孩。事实上，我奶奶独具慧眼，我虽然嘴利性子倔，但我的心是最软的。那些年，我的堂哥堂姐们都不愿意陪我奶奶，是我一直陪她走到生命的尽头。还有我的大婶，自我大伯去世后，虽有四个子女，却也孤苦伶仃，我也是尽力照顾她，经常背着我妈（我妈早些年跟我大婶有些恩怨，心结难解）接济我大婶。

其次是我的母亲。我从来不会忤逆她，不论我多么叛逆，我的叛逆都是对别人而言。我在母亲那里，从小到大都是极听话、极配合、极孝顺的。我不曾跟母亲顶过嘴，即使母亲冤枉我、责骂我，我也不曾对抗过。我都参加工作了，还要经常利用周末、假期帮我母亲干农活；动作慢了，母亲还要生气，甚至还说要扣我晚饭。记得多年前的某个晚上，母亲在我面前贬斥我的一个学生，我很生气，提高声音批评了她。结果我一个晚上都没睡着，第二天天不亮，我就去母亲床头道歉了，直到母亲说原谅我了，我才心安。

母亲生我、养我，恩大于天，我岂可违逆她、令她郁郁不乐？为人子女，必须让父母，尤其是母亲幸福、快乐，并以子女为骄傲。我这一生，除了为自己努力之外，很大程度上，也在为我的母亲努力。我要让她觉得，此生，她生我、养我、教育我，是她做得最正确的事。我要让她在她的朋友圈里因为我这个女儿而感到光荣、骄傲，我要给她创造"嘚瑟"的资本、"炫耀"的谈资。这是我为人子女的责任，也是我人生规划中的一部分。

最后还有一类人，我是从不忤逆的，那就是我的老师。虽然老师对我没有生养之恩，但老师教我知识和做人做事的智慧，恩与天高。因此，无论我多么叛逆，在老师面前，我的叛逆都会藏起来，不是因害怕而藏匿，而是因发自内心的敬畏而自动屏蔽。

我有时也会对老师的说法和做法不赞同。如果我有更好的方法，我会给老师写个小纸条，诚恳地给老师提出可行性建议。如果我没有更好的办法，那我就一边按老师的要求做，一边寻找更好的办法。

我所有的老师对我的评价都是：有主见，个性强，胆子大，守规则，很讲理。

我把我的故事写出来，并非要炫耀我小时候有多么好；相反，我小时候并不好，搞了很多幺蛾子出来。但不管我怎么搞事，我都遵守了为人的基本底线。不管我多么叛逆，我的叛逆都是有边界的。

现在有不少进入青春期的孩子打着"青春期叛逆"的幌子，说话无下限，做事无底线。每个人都会经历青春期、都会叛逆，只有那些懂得一边叛逆一边成长的孩子，长大之后才不会后悔自己的青春期，才会感谢当年的自己坚守了做人做事的底线。

写给爸爸妈妈的话：

青春期学生叛逆，几乎成了他们的标签。事实上，我与青春期学生打了30多年交道，我以为青春期的孩子只是认为自己长大了，应该获得成人一般的待遇。但他们的心智还不成熟，说话、做事，又显得很幼稚。此时，父母应该拿出更多的耐心，陪伴孩子度过所谓的"叛逆"期，引导孩子正确"叛逆"，而非胡作非为。那么具体怎么做呢？

首先，父母需要理解孩子的叛逆行为背后的原因。在青春期，孩子的身体和心理都在发生巨大的变化，他们渴望独立、追求自由，同时也面临着学业、人际关系等多方面的压力。这些变化可能导致孩子出现焦虑、不安等情绪，从而表现出叛逆的行为。因此，父母需要耐心倾听孩子的想法和感受，理解他们的困惑和不安，以更好地应对孩子的叛逆行为。

其次，父母需要调整自己的教育方式。面对叛逆期的孩子，父母需要更加注重与孩子的沟通和交流，尊重孩子的个性和意愿。在教育中，父母应该采取引导而非强制的方式，让孩子感受到自己的决策是被尊重和支持的。同时，父母也应该给予孩子更多的自主权和选择权，让他们学会独立思考和解决问题。

再次，父母还需要注重与孩子的情感联系。在叛逆期，孩子往往感到孤独和无助，需要父母的关心和支持。父母可以通过陪伴孩子、关心孩子的兴趣爱好、分享自己的经验和故事等方式，与孩子建立更加紧密的情感联系。这样的联系不仅能够帮助孩子更好地应对叛逆期的挑战，还能够增强亲子关系，让孩子感受到家庭的温暖和支持。

最后，父母需要保持耐心和信心。叛逆期是孩子成长过程中的一个阶段，也是他们建立自我认知和价值观的关键时期。父母需要相信孩子有能力度过这个阶段，并在他们需要的时候给予支持和帮助。同时，父母也需要保持耐心，不要急于求成或过分焦虑。只有保持平和的心态，才能更好地应对孩子的叛逆行为，帮助他们健康成长。

07 父母控制欲太强怎么办？

> **少侠一群客 @ 钟老师：** 最近咱班好多同学都在家里与父母做斗争，理由就是父母管得太紧了，很烦。可是，我们也发现，与父母闹翻之后，心情并没有达到预期的那般愉快。我们反而感到很沮丧、很迷茫，不知道怎么办才可以做到既能摆脱父母的管控，又能把自己给管好。请您给我们支招啊。

我读初中那阵，特别想摆脱我妈的管控。可是我发现无论怎么逃，都逃不出她的手掌心，索性不逃了。她要求我学习各种生活技能，我就认真学习：打柴、割猪草、干农活，样样拿手；鸡蛋煎得两面金黄还溜圆，馒头蒸得暄软还飘香，泡得来酸菜，腌得来咸菜。她要求我认真读书，我就很用心地读书，用心得她都担心我会读成傻子。

当我的生活技能在钟家大院数一数二、成绩在班级名列前茅时，她竟然不管我了。她把弟弟，还有管家的权力交给我，自己一溜烟跑了。她跑到我父亲工作的城市，去过他们的二人世界，却留下我和我弟守家，还扔给我一只狗、两头猪、一群鸡鸭鹅。我由被管理者一跃成管理者。我人生的第一次迭代升级就是在我的青春期。

我之所以讲述这段往事，是因为我所带的班级里好多个孩子都嫌父母管得太多，与父母产生了激烈的冲突，恶化了亲子关系，搞得大家都很郁闷。我感同身受、于心不忍，想要帮这些孩子摆脱父母的管控，让他们的生命可以更舒展一些。那么怎样才能摆脱父母的管控呢？接下来请听我这个资深叛逆者为大家捋一捋，看看怎么做才划算。

1.**离家出走**。父母若要管控，对不起，俺不在你家待了，这日子咱受够了。世界这么大，我也该出去闯一闯了。且到扬名立万时，便是吾辈归来时。

离家出走的好处：

世界这么大，我想去哪就去哪——自由。

远离了父母的碎碎念——舒服。

逃离了老师布置的家庭作业——爽。

摆脱了父母的掌控——身心舒展。

离家出走的弊端：

世界这么大，荷包这么小——寸步难行。

身体看起来挺大，心理实际上很嫩，纵有雄心万丈，没有老板付账——世界上只是多了个流浪汉。

看脸蛋，稚气未脱；听说话，菜鸟一个——好骗。

没学历没经历，还没阅历。问当下，没有牛奶和面包；展未来，没有诗和远方——人生乏善可陈。

利弊相较，离家出走的成本实在太高了，一个未成年人根本担不起。既然担不起，这条通向自由的道路就被堵死了。

接下来咱们看下一条逃离之路是不是康庄大道。

2.**直接回怼**。父母不是想控制我们吗？好呀，那就开启战斗模式。父母说一句，咱们顶十句。他们发射刀光，咱们舞动剑影，不把他们气得进医院决不罢休。

直接回怼的好处：

给父母颜色瞧瞧，警告他们及时撒手——吓死父母了，扳回一局。

告诉父母不要跟青春期的孩子较劲——理由充足，父母投降。

直接回怼的坏处：

直接惹毛父母，轻则干笋子煸牛肉，重则男女混合双打——白挨一顿。

恶化亲子关系，许多原有的福利很有可能被取消——打落牙齿吞肚里。

迫使父母放弃管理，放任自己的惰性——未来苦不堪言。

对比之下，简单粗暴的应对方式实乃下下之策。经济和情感都未独立，所谓"人在屋檐下，不得不低头"。吃父母的、用父母的、住父母的，还跟父母斗得天翻地覆，注重孝道的中国文化容不下你这样的忤逆，你会成为众矢之的。

3. 完全忽略。父母的掌控欲不是很强吗？那好，你强我就弱，任由父母使出浑身解数，我根本不接招，你能奈我何？那么忽略的利弊何在呢？

完全忽略的好处：

既规避了亲子矛盾，又回避了应尽的责任——低成本，高回报。

父母无可奈何，却又小心翼翼，不知道怎么出招收拾这熊孩子——让父母看脸色，多爽。

完全忽略的坏处：

父母眼见收效甚微，将会变得更加啰唆——偷鸡不成蚀把米。

父母会认为自己孩子没有用、不靠谱，将更加不放心，不仅要设法控制孩子的现在，就连今后找工作、结婚生子都要插手——一辈子就这么毁了。

家庭关系冷漠、情感匮乏、天伦之乐不再。家如冰窖，即便放任自流又有何意义？——亲子之战没有赢家。

不比不知道，一比吓一跳。完全忽略绝不是讨好的策略，只能忍痛淘汰。

4. 撒谎欺骗。既然跟父母正面刚成本太大，那就来个迂回战术，能哄则哄、能骗则骗，岂不快哉？真的很快哉吗？先摆事实，再讲道理吧。

好处嘛，只有一个，那就是可以暂时赢得父母的信任，短时间摆脱父的掌控。可是一旦谎言被戳穿，不仅把以前建立的信任消费殆尽，还会成为父母嘴里永久的恶，严重的还会遭到父母的痛打。少侠一班已经有同学为之付出了惨痛的代价。还有一个未来的麻烦，那就是一旦养成了撒谎欺骗的恶习，随时都想用：谈恋爱时，骗对象；交朋友时，骗朋友；当员工时，骗领导；当把周围的人都骗光后，就成了可怜的孤家寡人。

为了摆脱父母的控制，滋生一个人见人厌的"恶"出来，这个成本实在太大了，不值当。聪明的孩子决不会选择这个无效策略。

自己看看吧，我一连支了四个招，初看个个都可行；分析之后，个个都行不通。那么究竟要怎样做才能摆脱父母的控制？

不着急，先听我说说我跟我父亲的故事吧。

我刚参加工作那一阵，由于在农村学校工作，环境差不说，工资还特别低，我需要父母的经济支持才能勉强度日。我父亲百般看不起我，斥责我空读一肚子书，混得惨兮兮的。他挑剔我的男朋友，不满我的消费习惯，甚至还妄议我的工作。他的言行就像一座五指山，压得我喘不过气来。

但我没有逃避，也没有回怼，更没装听不见。我只是告诉他：有一天，我说的每一句话，你都恨不得拿个笔记本记下来。

于是我勤奋读书，苦练本领，笔耕不辍。我成了学校的头牌教师，30岁出头就评了副高职称。我父亲对我的态度陡然变了。以前他总想把我牢牢地捏在手心任意揉搓，而自那以后，我的婚姻和家庭，乃至我的人生，都由我说了算。

后来，我到了深圳，获得了更多的荣誉，取得了更多的成果，我在全国都有了知名度。我父亲看我时，目光里充满了敬畏；说话时，言语中弥漫着讨好，不论我说什么，他都唯唯诺诺必定践行，真的恨不得把我说的每一句话都记下来作为他的座右铭。他以前的坏脾气被我"修理"好了，他以前妄议他人的习惯被我纠正了，他以前拒绝接受新事物的固执己见被我治愈了。他之前骄傲自大、目空一切，眼睛里没有任何人，现在被我"培养"成一个谦虚、有礼、有温度的可爱老头。

为什么我的父亲都已是耄耋老人了,还能被我"教育"成优秀老人?因为在他看来,我很强大、很优秀,我说的和做的,都能产生令他望尘莫及的效益,所以他放弃了对我的控制,反倒对我产生了信任和依赖。

由此可知,想要摆脱父母的控制并非无招,而是要用高招;那些剑走偏锋的险招最好弃之不用。何为高招?那就是努力把自己变强大,让父母对自己充满信心、找不到任何理由来控制时,我们就彻底摆脱父母的控制了。

作为学生,在学校遵守各项规则,不被老师投诉,不被同学告发,不损坏班级和他人利益,不把家长连累到学校来,父母能奈你何?

每天晚上的家庭作业都按质按量完成,每次考试都尽力考出自己的最高水平,父母会跟你过不去吗?咱们少侠一班的每位家长都很正常,他们不会做出偏离常态的事情来。

学习之余玩玩游戏、聊聊天,见好就收、到时就撤;不沉迷、不上瘾,进得去、出得来,脾气不变坏,成绩不下降;不被异性网友欺骗,不被同性网友带偏。父母会严控你上网吗?他们很忙很累的好吗?他们若是有这样能够自我管理的孩子,我相信他们睡着了都会笑醒,早撒脚丫子忙自己的事去了。

除做好上述事情外,还能收拾整理自己的房间、规整自己的用品;能下厨房炒菜,上卫生间洗衣,扫地、拖地、倒垃圾,样样都能亲自动手干,你的父母怎么可能整天把嘴巴挂在你的耳朵上对你进行语言控制呢?他们一定会笑着放手。你不仅是生活达人,还是他们的得力帮手。他们不仅不想管控你,还想把家都交给你管控。

交友方面,你能主动断舍离那些狐朋狗友,交一些积极上进的高质量朋友。在与异性交往时,你能理性地与异性保持健康的交往关系,你的父母怎么可能妄议你的朋友圈?

说了这么多,我其实就想归结成一句话:你若是一只弱鸡,就别怪父母天天"鸡"你。你都不能自控,有什么资格谈自由?你除了老老实实接受管控之外别无选择。说白了,被管控、不自由,不都是你自己的选择吗?不都是你教你父母做的吗?

写给爸爸妈妈的话:

青春期的孩子,总认为自己长大了,需要独立了,需要脱离父母的管控了;但父母呢,又觉得孩子想法多、做法少,甚至有些做法还不靠谱,因此又不愿意放手。这就很容易导致亲子矛盾。那么,有没有一些好的做法,既能让父母适当放手,又能让孩子不脱离该有的成长轨道呢?那就是父母要引导孩子习得自我管理的能力。只有孩子学会了自我管理,父母才敢收起那颗控制的心。那么父母需要怎么做,孩子的自我管理能力才能提升呢?

1. 设定明确的目标与期望。父母首先要与孩子一起设定明确的目标和期望。这些目标应该是具体、可量化的,并且与孩子的兴趣和长期规划一致。例如孩子对音乐感兴趣,父母就可以与其共同制订每天练习乐器的时间目标。

2. 制订合适的日程安排。制订日程表是培养孩子自我管理能力的有效手段。父母可以与孩子一起制订每日、每周或每月的活动计划,包括学习、娱乐、运动等各个方面。这样,孩子就能够逐渐学会如何平衡不同的任务,形成良好的时间管理习惯。

3. 赋予孩子责任与选择权。让孩子承担一些家庭责任,如打扫卫生、整理房间等,能够培养他们的责任感和自我管理能力。此外,父母还可以在适当的时候赋予孩子选择权，让他们学会为自己的决定负责。

4.鼓励与正向反馈。当孩子表现出自我管理的行为时，父母应该及时给予鼓励和正向反馈。这不仅能够增强孩子的自信心和动力，还能够让他们更加愿意继续保持良好的自我管理习惯。

08 说话很重要，体面地倾听更重要

> **小乐 @ 钟老师**：人长一张嘴，除了吃饭就是说话，为什么老师们都在叫我们安静呢？还有，你也经常对我们说，请得体地闭上嘴巴，请真诚地敞开耳朵，少说多听，倾听真的有那么重要吗？

苏格拉底有句很经典的话："上帝给了我们两只耳朵，而只有一张嘴巴，显然是希望我们多听少说。"

我之所以抖出这句老话，是因为我上课时发现很多孩子只有嘴巴没有耳朵。上课，老师在讲台上说，他们在下面说，细碎地、密集地、欢乐地、前后左右地说。说的都是一些与学习无关的鸡毛蒜皮的事。老师讲的重点，他们忽略了。老师发出的指令，他们屏蔽了。于是，作业做什么？怎么做？他们就蒙圈了。有些想认真听课的孩子被干扰得很痛苦，活得很纠结。想严正地阻止同学说话，又怕影响同学关系。假装没事一般吧，心里确实堵得慌。

说话的孩子浮躁，被干扰的孩子烦躁，整个教室里弥漫着浓浓的躁气。

如果他们还在小学的培养系统里，躁就是聪明，是活泼，是自信，是可爱。可是，他们进入了初中，就意味着进入了选拔系统。不管孩子们乐意，还是不乐意，这个选拔系统都在飞快地运转，绝不会停下来等待躁气十足的孩子

们长大懂事。

在我 30 多年的教育生涯中，看到太多聪明的孩子，尤其是男孩，在第一轮（中考）的选拔中就被淘汰了。

这些聪明的孩子，如果懂得倾听，有较强的静气，就不会耽误他们的成长。以他们的聪明劲若是进了高中，考个大学肯定没问题。可惜的是，他们聪明有余，静气不足，所以错过了成长的季节。错过，即过错。因为成长具有不可逆转性。我们没有办法让时空错位，回到过去重新再来。

那些所谓的"学霸给学渣打工"的鸡汤，有毒。闻闻可以，别喝。我的学生中，确有学渣逆袭的励志故事，但是概率实在太小了。他们的翻身仗具有强烈的个人特色，不可复制，难以推广。

我在很多场合说过：没有什么比学生的未来更重要。孩子不懂事，难道为人父母者以及为人师者都不懂事吗？因此，不论孩子同意也好，不同意也罢，我们都要教孩子体面地倾听。那么孩子们需要在哪些情况下体面地倾听呢？

1. 老师正在讲重要知识点时，一定要闭嘴倾听。 此时如果所有学生都懂得闭嘴，那么课堂里就只有老师抑扬顿挫的讲课声，每个学生都会听得清楚明白，学习效率就很高。很多学业优秀的班级，并非老师讲课的水平有多高，而是学生懂得闭嘴，听课效率高，学业成绩自然好。

2. 重大集会，师长在台上讲话时，一定要赶紧闭嘴倾听。 师长在台上讲话，学生在台下开口喧闹，成何体统？有何素质可言？作为学生，师长在台上讲话，你在下面自说自话，不仅自己听不明白，还破坏了班级纪律，真是里外不是人，输得彻底。

3. 公共场合要少说多听。 有一次我去群体中心闲逛，看到中心一角有一个小书吧。那时阳光正好，斜斜地射在书柜的格子间，映出大小不一的方形光斑，慵懒闲适。我当时就想，如若独坐一隅，要杯果汁饮料，慢慢啜着，悠闲地读几页自己喜欢的书，真是人间值得。后来有个周末，我怀着美好的期冀，轻松惬意地去了那个地方。我的天呐，5分钟都没待够我就落荒而逃了。为啥呢？有三四个孩子在书吧里蹿来蹿去，又是尖叫，又是追打。我渴望的宁静与安适，全成了刺耳的噪声，除了逃走，别无他法。自那以后，我从未去过群体中心那个小书吧。

4. 事情的真相没有搞清楚时一定要闭嘴倾听。很多孩子的嘴都特别快，话听一半就断章取义，然后就把自己认为的结论到处传播，以为自己掌握的是真相，结果所言与真相相差十万八千里。这种孩子特别遭人嫌弃，因为他总是把真相搞得面目全非，给周遭的人带来很多麻烦。

我这两天都在处理隔壁班的一些人际矛盾。这些矛盾究竟是怎么引发的呢？谁是始作俑者呢？当然是一些嘴巴不关门、耳朵不听声的男生。他们听到一些传言，不加考证，也没向当事人求证，在真相未明的情况下，凭感觉，凭猜测，凭自己脑补的材料进行分析，然后得出一个他们认为正确的真相，到处传播，令当事人的名誉受到了极大的损害。当然，同学间的关系就恶化了，最终搞得难以收场。

5. 同学情绪特别激动时要闭嘴倾听。我曾亲眼看见隔壁班教室里上演的一场闹剧。某女生，因为某个喜欢乱说话的男生编排了她的是非，给她贴上了一个不堪入耳的标签，于是她情绪失控，几近癫狂，谁劝就打谁，连我都拉不住。有一位男生原本去劝慰，哪知被女孩误打了。这位男生立马反水，矛头立即调转朝向女生，大声地谩骂那个情绪失控的女生。这一骂，女生就更疯狂了。此时，男孩情绪也失控了。我赶紧拽着那位男生的双手将其拖出教室，教室里混乱的局面才得以控制。

一个情绪处于失控状态的人，是不讲道理的，给对方讲道理也听不进，因此最好的做法就是赶紧闭嘴听对方发泄情绪。等对方情绪缓和后再讲道理才有效。

6. 心情不好时要赶紧闭嘴。当自己被老师和同学误会，或者考试失败，再或者是跟家长闹了别扭……总之就是内心特别不爽，感觉有座火山要爆发了一般，一定要闭嘴。因为此时你心情不好，理智不在线，难免出言伤人。有些人，伤了，还是会对你好，比如你的父母，他们跟你是过命的交情，没得选择，但你心里一定很愧疚。有些人，伤了，就永远失去了，比如你的朋友、同学，他们惹你不起，但躲得起。

亲爱的孩子们，最后我讲个小故事给你们听吧。

漫天飞雪，寒气逼人，一只小鸟从树上掉下来，呼天不应，叫地不灵，眼见得就要冻饿而死。这时走来一头牛，真是巧了，这牛拉了一摊屎，正巧落在小鸟身上，很暖和，小鸟活过来了。高兴得大声唱起了歌，叽叽喳喳没完没了。这下把狼招来了，饿狼一瞧，高兴惨了，哦哟，这儿还有美味等着我呢，于是一口就把小鸟吃了。

这个故事告诉我们一个道理：不是所有往你头上拉屎的都是坏人，也不是所有把你从屎里揪出来的都是好人。如果你深陷粪堆，记住了，一定要闭嘴，侧耳细听来自其他地方的声音，这样才能规避风险。

写给爸爸妈妈的话：

父母是孩子的第一任老师，也是孩子最好的学习榜样。因此，父母首先要明白"少说多听"的重要性。当孩子学会倾听时，他们才能够更好地理解他人的观点和需求，从而更有效地沟通。此外，倾听也是一种尊重他人的表现，能够增进人际关系。那么，父母如何引导孩子"少说多听"呢？

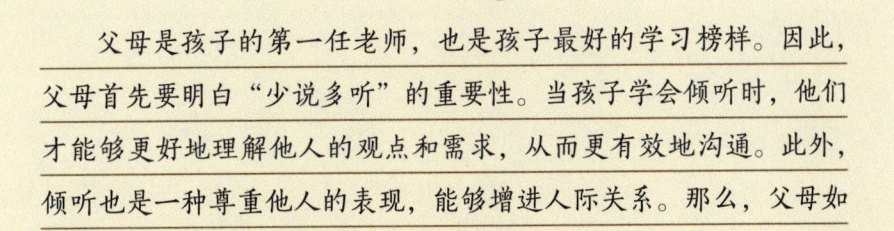

1. 以身作则。父母是孩子最好的老师。在日常生活中，父母要时刻注意自己的言行举止，展示出良好的倾听习惯。当孩子看到父

母在倾听他人时，他们也会模仿并学习这种行为。

2. 耐心倾听孩子的表达。当孩子向父母表达自己的想法和感受时，父母要耐心倾听，不打断他们的发言。这可以让孩子感受到被尊重和理解，从而学会在他人发言时保持安静和尊重。

3. 适时引导。当孩子过于冲动或喋喋不休时，父母可以适时地引导他们冷静下来，学会倾听。例如，可以告诉孩子："你先冷静一下，听听别人的想法。"或者"你觉得他的观点怎么样？有没有可以借鉴的地方？"

4. 创造倾听的机会。父母可以组织一些家庭活动，如家庭会议、分享会等，让孩子有机会倾听他人的观点和经验。这些活动不仅可以锻炼孩子的倾听能力，还能增进家庭成员之间的感情。

5. 给予积极反馈。当孩子展示出良好的倾听习惯时，父母要及时给予积极反馈和鼓励。这可以让孩子更加坚定自己的倾听行为，并逐渐形成良好的习惯。